胡慎之的心理课1

走出原生家庭

胡慎之——

著

天地出版社｜TIANDI PRESS

图书在版编目（CIP）数据

走出原生家庭 / 胡慎之著 . —成都：天地出版社，
2022.7（2022.10 重印）
（胡慎之的心理课）
ISBN 978-7-5455-7021-2

Ⅰ.①走… Ⅱ.①胡… Ⅲ.①家庭关系—社会心理学
Ⅳ.① C913.11

中国版本图书馆 CIP 数据核字（2022）第 043869 号

ZOU CHU YUANSHENG JIATING

走出原生家庭

出 品 人	杨　政
作　　者	胡慎之
责任编辑	王　絮　高　晶
封面设计	仙境设计
内文排版	冉　冉
责任印制	王学锋

出版发行　天地出版社
　　　　　（成都市锦江区三色路 238 号 邮政编码：610023）
　　　　　（北京市方庄芳群园 3 区 3 号 邮政编码：100078）
网　　址　http://www.tiandiph.com
电子邮箱　tianditg@ 163.com
经　　销　新华文轩出版传媒股份有限公司

印　　刷　玖龙（天津）印刷有限公司
版　　次　2022 年 7 月第 1 版
印　　次　2022 年 10 月第 2 次印刷
开　　本　880mm × 1230mm　1/32
印　　张　8.75
字　　数　190 千字
定　　价　59.80 元
书　　号　ISBN 978-7-5455-7021-2

序言

家是出发地，但自己才是归属地

在许多人的眼里，原生家庭似乎是一个贬义词。我认为有必要给原生家庭正名。普通意义上的原生家庭，指的是我们出生的地方。但实际上，原生家庭更多是指父母的人格和养育方式在我们身上留下的深刻的印记。

原生家庭既会对人产生正面影响，也会产生负面影响。从心理学的角度来讲，如果一个人的原生家庭带给他的积极影响多，那他就有可能成为一个优秀的人；如果原生家庭对他的负面影响较多，则不利于他个人的成长。

原生家庭会影响一个人的自我价值认同。自我价值的核心，是在原生家庭中成长为一个能满足父母期待、被肯定和得到认同的人。我之前的同事小沐，虽已有自己的家庭，却时不时地抱怨妈妈总是给她打电话，并且妈妈每次都在诉说她和爸爸之间的矛盾，这给小沐的工作和生活带来了很大的压力。在小沐的成长过程中，她的父母总是呈现出这样一种状态，以致从小到大，每次在父母关系出现问题的时候，她都希望他们分开。她曾经因有这样的想法，觉得特别对不起父母。

我对她说："似乎你的父母才是你生命中最重要的人，并且你一直在努力调和他们的关系。你父母是成年人，为什么不让他们自己去解决这件事？你参与进去后，他们关系变好了，还是更糟糕了？"这时，她终于明白了父母对她的影响远远超出了她的想象。作为女儿的她一直在扮演照顾父母的角色，并且不愿意走出来。

小沐之所以要照顾他们，是因为她成长在一个父母总是相互攻击的家庭里，她找不到存在价值，只有当她介入他们的矛盾时，她才会被妈妈认为是一个好女儿。于是，她对原生家庭的"忠诚"就以这样的形态呈现了出来。不过，这种"忠诚"不是孝顺，她非常讨厌这样的自己，却又改变不了。

原生家庭还会决定一个人的人生姿态。所谓人生姿态，就是你面对世界的姿态。它来自父母的人格，以及父母在养育过程中与你的各种互动和对你产生的影响。我的一个来访者小琴，她在职场上经常遇到一些问题，导致她压力重重。她总觉得身边的同事和领导对她有所防备，或者经常不公平地对待她。比如，有同事晋升，她却没有，她就会觉得领导对她有偏见。当领导找她谈话的时候，当她汇报工作的时候，她总是小心翼翼的，生怕领导一不高兴就要指责她。诚惶诚恐的她经常在工作上出现失误，于是觉得周围人对她更不好了。

可能小琴在进入职场时给了自己这样的暗示 —— 职场充满竞争，我得不到重用，人们就会对我有偏见，会不喜欢我，所以我要更努力，别人才会接受我。当她以这样的姿态进入职场的时候，她就变得谨小慎微、战战兢兢，总是犹豫不决。

小琴之所以这样，很大一部分原因是父母对她的影响。虽然她从小不缺吃短穿，但父母对她很挑剔，总是认为她什么都做不好，打击她的自信心。正是父母的态度造成了她如今在职场上的困难。

原生家庭也会影响一个人的关系模式。有时我们不难发现，在一个充满冲突的家庭中成长起来的孩子，性格普遍比较敏感，长大后也会引发很多人际关系冲突。这是因为他认同了原生家庭的冲突模式，冲突的场所是他最熟悉的地方。他的原生家庭就是充满冲突的，冲突就变成了他的日常，因此，他往往会莫名其妙地把一些本来和谐的人际关系变成充满冲突的人际关系。

很多人只知道原生家庭对自己有很多影响，但是并不知道是如何产生影响的。我想通过这本书跟大家探讨探讨。此外，在本书中，我还会讨论如何与父母和解。说起和解，有些人会说"我永远无法原谅我的父母，甚至我成年以后和父母的关系还是很糟糕，他们不会做出任何改变"。也许，你需要和解的并不是现实中的父母，而是你心里的父母。

我们要明白，原生家庭的负面影响不一定会给我们带来身体上的伤害，它给我们造成的创伤体验才是我们真正要疗愈的部分。当你在现实生活中经常出现一些负面情绪，或是经常在人际关系中发生冲突，并把原因归结于原生家庭的时候，就意味着你需要开始寻找解决方法了。但是，原生家庭绝对不是我们拿来推卸责任的借口，也不是我们可以一直躲进去避风的港湾。

家是我们的出发地，但自己才是我们的归属地。未来的人生，是我们自己可以选择的。从这一点看，我们更希望每个人都能在各自的

原生家庭中发现积极的力量，为自己的人生赋能。这就是生活，这就
是我们的必修课。

2021 年 11 月 18 日

目录

CONTENTS

第一章　层层迷雾：家庭冲突背后的真相

- 为什么我们忍不住要互相伤害　003
- 太懂事的孩子：容易形成低价值感　009
- 让你觉得压抑的家：家庭发生危机的信号　015
- 为什么你会没有存在感　020
- 自我价值感冲突：我付出那么多，可家人还是小看我　025
- 不健康的自恋，导致冲突不断　031
- 内疚感冲突：你为什么会内疚　037
- 家庭动力不足，让家死气沉沉　043
- 家庭动力涣散，会失去很多快乐　049
- 家庭动力涣散，让家人各自为营　051
- 家庭动力崩溃，让家一点就炸　055
- 掌握好个体化和依赖的度：促进家庭健康　060
- 走出理想化的怪圈，做真实的自己　065

第二章　追根溯源：你的原生家庭如何塑造你

● 我为什么会是我　　　　　　　　　　　　　　　　073

● 你被对待的方式，就是你对待世界的方式　　　　078

● 你的性格和行为模式里，藏着你的原生家庭　　　083

● 父母关系是亲密关系的最初模板　　　　　　　　089

● 对父母的忠诚，让你复制父母的命运　　　　　　094

● 过度依赖他人而获得满足的人和完美的父母　　　099

● 友好、顺从的孩子和溺爱、赞赏孩子的父母　　　104

● 破坏性的孩子与惩罚性的父母　　　　　　　　　108

● 失控、愤怒的人与无能的父母　　　　　　　　　113

● 孤儿心态和以自我为中心的父母　　　　　　　　118

● 认同和投射性认同：影响你对人和事的看法　　　124

● 产后抑郁：和幼年经历有关　　　　　　　　　　130

第三章　深入探究：家庭角色的缺失与错位

● 爸爸的四个功能　　　　　　　　　　　　　　　139

● 角色缺位与混乱　　　　　　　　　　　　　　　145

●　缺席的父亲可能贪玩　　　　　　　　　150

●　缺失父爱的女孩，一生都在找爸爸　　　155

●　缺失父爱的男孩，一生充满无力感　　　161

●　成年后，与缺席的父亲分离　　　　　　166

●　单亲妈妈：扮演还是创造一个好爸爸?　171

●　做足够好的妈妈，不做理想型妈妈　　　176

●　别让孝顺成为捆绑自己的绳索　　　　　180

第四章　修复之旅：家人的沟通、滋养与成全

●　期望家人改变，是一个自寻烦恼的命题　　187

●　你是在使用语言暴力还是在沟通　　　　　193

●　运用冰山理论，理解家人的感受和渴望　　199

●　避免四种功能不良的沟通模式　　　　　　205

●　一致性沟通带来美好关系　　　　　　　　210

●　总是感觉委屈的人体察不到他人的爱　　　215

●　爱的感觉是成全，被爱的感觉是滋养　　　221

●　走出全能自我和全能父母的幻觉　　　　　228

第五章 重塑自我：走出原生家庭的困局

- 你想过好你的人生，就无法面面俱到   235
- 可以有贡献，但不要成为"工具"   240
- 想被父母尊重，你需要适当叛逆的机会   245
- 脱离家庭丑闻的影响   250
- 接受、修复、阻断，三步疗愈童年创伤   255
- 以"我们"开头的表达方式，是合作的开始   261
- 完成分离，才能更好地成长   266

1

第一章

层层迷雾：
家庭冲突背后的真相

为什么我们忍不住要互相伤害

　　从心理动力学来讲，人人都有攻击性。攻击性是人的一种重要内驱力，但人们的攻击性往往会释放在家人身上，因为攻击家人是相对安全的。

　　所谓客体关系，主要指人际关系。按照客体关系理论，客体关系安全的时候，人才有安全感。对婴儿来说，只要是满足他需求的人或其他一切事物，都可以叫作客体；对儿童或成人来说，自己以外的人，都可以叫作客体。你和原始客体 —— 主要的养育者之间的关系模式就会成为你现实中的关系模式。简单用一句话描述：你被对待的方式，会成为你对待这个世界的方式。

　　人从一出生就有攻击性，因为他要通过这种方式感受到自己的存在。如果这种攻击性没有被父母（尤其是母亲）接纳，就会给这个人造成很多问题 —— 要么会压抑需求，内化为对自己的攻击，要么就会把攻击性慢慢变成一种补偿性的对外攻击。

　　我们经常看到一些老好人。当走近他们、感受他们时，你会发现他们的生命缺少激情。他们之所以如此，是因为他们的活力被父母的攻击性压抑了。这样的人生命力可能不会太强。很多时候，攻击性是生命力的象征。

留意一下你的亲密关系，你们是"打是亲，骂是爱"，是经常吵吵闹闹的，还是两个人感觉很压抑，如同一潭死水？如果是前一种关系，其实是不错的，因为认同"打是亲，骂是爱"更多地证明了自己是安全的，或者是被爱的。彼此之间吵吵闹闹，反而能给你们带来激情；而后一种，两个人之间死气沉沉没有交流，那是让人很难受的，你们有可能离离婚也不远了，因为吵架也是在释放攻击性。释放出来了，就不会在内心攻击自己了。

很多熊孩子和打架斗殴的叛逆少年之所以具有攻击性，恰恰是因为小时候被压抑情绪了。有很多成年人和青少年沉迷于网络游戏，其实也与内在的攻击性有关。因为在游戏中，他们可以过关斩将打怪物，充分释放他们的攻击性。

心理学家武志红和我的一次对话很有意思。他说自己大学二年级时，有很长一段时间沉迷于网络游戏；而我则表示对游戏不感兴趣。当时武志红开玩笑说："老胡，你的游戏在人间。"这虽是玩笑话，却折射出游戏对我们的重要性。打游戏是一种释放攻击性的方式。

很多人感叹独生子女很难养，独生子女和父母之间发生冲突的概率比多子女家庭更高。原因就在于在城市生活中，被分隔在一个个格子间的孩子们，缺少足够的释放攻击性的团体性游戏活动。

在这里我想提醒年轻的父母，在孩子 5 岁以前，你们要学会做一个好的容器，接受孩子的攻击性。不要因为孩子偶尔发脾气、摔东西或者冲你喊叫，就认为孩子大逆不道了。其实，5 岁以前的孩子只能从父母身上找到存在感。5 岁以后他们慢慢开始社会化了，能在学习、游戏中升华这种攻击性了，对父母的攻击性就会减少。

还有一些时候，人们释放攻击性，是为了与人建立起联结。

我的一位女性来访者有施虐的倾向。在访谈中，她告诉我，妈妈在她小时候对待她的方式比较糟糕。她的妈妈太忙了，家里又有弟弟妹妹，所以大部分时间，妈妈会把她放在某个固定的地方，然后就去忙别的事情了。

一般情况下，她半天都不敢离开那个地方。她说，她到现在还经常回想起一个画面：三四岁的自己一个人坐着，看着一样东西发好久呆，一坐就是半天，要么就自己和自己说话。好不容易等到妈妈回来，她还是觉得自己像个隐形人。妈妈不停地忙着自己的事情，没时间理她。有时候，她有什么需要了，可能喊了好几声，妈妈都没能及时回应。所以，一直以来，她都觉得自己不被妈妈重视。

只有在一种情况下，她的妈妈一定会理她 —— 在她犯错的时候，妈妈会走过来打她。那时候她有一种感觉，自己犯了错，妈妈打骂她是应该的，所以她没办法控制自己不去犯错，犯错让她兴奋，因为至少犯错的时候，她就不再是隐形人了。

她讲述的时候比较平静，可是我能感受到她的内心有一种非常强烈的痛苦。

我想说明的是：经常忽略孩子的父母，跟孩子建立联结的方式有可能是在施虐，不是在表达爱。因为，只有在被打骂的时候，孩子才能非常强烈地感受到自己跟父母之间是有联结的。当父母没有理睬他，当他的言行对父母没有任何影响的时候，他会产生一种特别虚空的感觉。

是不是有些时候你也会有这种感觉：当怎么做都不能让对方重视你的时候，你就会特别绝望？其实，你已经遭到了冷暴力，他们就是无视你，不做回应。

所以，我的这个来访者慢慢就觉得，自己和别人建立联结的方法就是对对方施虐。

施虐的过程也是试探的过程，试探这个人会不会被自己虐走。这个来访者认为，如果自己对这个人不好，对他施虐他都能承受，那么他就是一个稳定的、不会离开自己的人。

因此，她经常会莫名其妙地把男朋友乱打一气。看到对方生气，她就会打得更凶。如果男朋友喊疼，她也会觉得愧疚，可是愧疚的感觉太糟糕了，糟糕到让她想做出一些补偿，而她又觉得自己没有任何东西可以作为补偿，于是会变本加厉施虐。这是一种对自己恼羞成怒的感觉。

非常有趣的是，当对方没有任何反应时，她也会很愤怒。她说："我弄不清楚为什么对方一点感觉都没有，连打他都没有任何反应。"

我让她回想一下："当对方不喊疼，表情很冷淡，也不做任何回应时，你体会到的是什么？"

她说，是恐慌，因为感觉自己似乎对对方没有任何影响。

这种没有任何影响的感觉，就是没有和对方建立联结。只有当我们能影响对方时，才能产生一种自我价值感。如果我们不能影响对方，我们就会特别恐慌。

那么，婚姻中的攻击性，又是怎样产生的呢？

婚姻中的攻击性，往往与性满足感有关。对婚姻中的男女来说，如果性得到满足，攻击性就会弱很多。所以，一个男人或女人暴脾气的背后，往往是性没有得到满足。爱和恨是一体的。得到的爱多了，恨就少了。性得到了很好的满足，攻击性就会少很多。

你也许会觉得，这种说法太偏颇，或者太简单了。

的确，婚姻中追求的满足感有很多种：包容、尊重、自由、爱，等等。不过我想要说的是，不要忘了，性得到满足是非常重要的。性也是一种和他人产生联结的方式，没有这方面的联结也是一种虚空。我知道，即便到了今天，很多朋友仍然羞于谈性，认为性是一件羞耻的事，没有意识到性可以让人产生满足感，也是跟对方产生联结的重要方式。

　　我们还应该明白一点，性首先是满足自己的，而不是满足对方的。

　　在很多家庭里，人们以为性生活是满足对方的。尤其是很多女性受传统观念的影响，仍然觉得性生活是自己对丈夫付出，甚至觉得自己是在伺候丈夫，很难从中找到满足的感觉。这和我们的文化传统有关，和有些男人对待性和女人的态度有关。他们甚至有可能会将女人物化，这会带给女人很不好的感觉。

　　总之，人有攻击性，也在追求满足感。这并不是坏事，这是一种很强大的驱动力。很多时候，攻击性可以帮助我们维护自己的空间和边界，维护我们的尊严。同时，攻击性是可以转化的，比如挥汗如雨地运动，努力读书当学霸，工作中要做业绩最好或者最成功的那一个，这都是攻击性的一种转化方式。

　　而人获得的满足感越多，攻击性就越弱。当我们了解了家庭中发生的各种攻击性事件都是需求得不到满足、缺少联结导致的，那么，我们就懂得如何更加关注家人，尊重他们，觉察他们的感受，并创造更多与对方的联结和爱。

太懂事的孩子：容易形成低价值感

在我国，"乖巧听话"常常是对一个好孩子的定义。小时候，我们在父母面前可能特别乖巧听话，等做了父母，我们又总是希望孩子是乖巧听话的。

其实，乖巧听话的背后是孩子在喂养自己父母的情绪。孩子过于乖巧听话反映出亲子关系很有可能是不够健康的。

我在网络上看过一个视频，夫妻吵架之后，各自在房间里闷闷不乐。小男孩看到妈妈不开心，就跑到自己房间拿出小丑面具来逗妈妈。可是，这次妈妈没有像以前那样露出笑容，只是静静看着前面发呆。于是，小男孩来来回回换了好多次面具，拼命在妈妈面前扮鬼脸。一个小时过去了，妈妈终于笑了，小男孩已经累得满头大汗。

不知道你看到这个场景的感觉怎么样，是羡慕这位妈妈有个懂事的孩子，还是同情这个孩子小小年纪就要去哄父母？也有可能，你会想起自己小时候，也经常因为要去照顾父母的情绪而心力交瘁。

父母情绪不稳定，常常眉头紧锁或发脾气、哭喊等，会给孩子带来非常焦虑的感觉。过去，我们常常说穷人家的孩子早当家，实际上这些孩子都是非常焦虑的。因为他们不仅要干各种原本不应该由他们去干的活儿，还要面对终日劳苦忧愁的父母。他们被逼着变成"小大人"，表面上特别懂事、独立，心里却经常感到悲伤，甚至已经有了创伤。他们一方面感觉到愧疚，觉得自己没能照顾好父母，或是给父母带来了负担；另一方面他们也会自怜。

这些"小大人"内心也向往做无忧无虑的任性的孩子，当他们长大了，其中一些人可能会变成"大小人"，反过来需要被人照顾，这就是一种补偿心理。

即便最后没有变成"大小人"，他们和原生家庭的关系也会纠缠不清，双方都没有办法成为独立的个体。当他们成年后要发展自己、做事情或者定目标时，会不由自主地看父母的脸色。他们做事情不是为了自己，而是为了让父母高兴。

说一个我自己的故事。在我年幼的时候，家里条件不是很好，妈妈每天为了生计忙碌担忧。学校要开运动会，我必须要有一双白球鞋才能参加。我为这个事情焦虑不安了很多天，最后实在没办法，只好向妈妈开口，说要买一双白球鞋。这时妈妈忽然就哭了，责怪学校为什么会有这样的规定。我看到了妈妈的脆弱，觉得自己特别不懂事，于是就安慰妈妈说没关系，我不去参加运动会了。当时我表现得特别乖巧懂事，但是现在的我总是会心疼当时的自己。后来，妈妈还是借了钱给我买了白球鞋，但是每次我穿上那双鞋都会觉得很内疚，觉得给父母带来麻烦了。

其实，像这种"穷人家的孩子早当家"给孩子带来的负面影响还不会很大，毕竟这同时也会激发孩子自立和奋斗的意识。对孩子负面影响更大的是与经济条件无关的那种不得不去"哄父母"的行为。

很多父母和孩子相处的方式是让孩子来迁就和适应自己。这种反过来需要孩子照顾自己感受的父母，本质上是在用愧疚感来控制孩子，会给孩子的自我价值带来破坏。

为什么这样说呢？其实，孩子总是乖巧、听话、懂事，哄父母开心，这里面既有孩子对父母的爱，也有害怕，甚至可以说是一种让人心疼的生存策略。当父母在孩子面前总是不开心，情绪不稳定，每次都要孩子妥协、改变时，孩子就会觉得父母并不是很爱自己，只有迎合父母、哄父母高兴了，才可以得到父母的爱。这是很可悲的。如果孩子无论做什么都没办法让父母开心，他就没办法体验到自己的价值感。

我有一个关于成年人的个案。他年龄已经不小了，但每次进咨询室时都会先盯着我看，说要看看我到底喜不喜欢他，或者会不会很讨厌他。后来他告诉我，很小的时候，他每次回家前都要调整一下情绪。因为他的妈妈每天都是愁眉苦脸的，忙碌地操持家务。他从来没见过妈妈很开心的样子，哪怕是吃饭的时候，妈妈都是吃完就默默转身一个人去厨房了。所以，他和妈妈在一起的时候，会觉得压力很大。

他记得有一次，他得了一朵小红花，开心地回到家，可是叫了妈妈几次，妈妈都没听到，她好像一直沉浸在自己的世界里。他说那一刻他觉得好绝望，甚至很担心妈妈会死掉。从那以后，他就开始去替妈妈做很多事情，但是因为妈妈特别挑剔，觉得他什么都做不好，所以他总是能看到妈妈嫌弃的表情。这让他觉得来到这个世界很没有意思。在这个家庭里面，妈妈似乎不是一个发光体，而是一个黑洞。无论他在外面多么兴高采烈，只要一回家走到妈妈身边，他就感觉身上的能量全被吸光了。

其实，孩子成为父母情绪上的照顾者，是中国文化里面常有的现象。在传统的"二十四孝"故事中，《戏彩娱亲》讲的是一个70 岁的老头还在通过扮小孩来逗父母开心，当他摔了一跤很疼时，为了不让父母担心，还躺在地上故意学小孩子哭。这个老头儿是很孝敬父母的，可是我从中多少看到了一些心酸。

如果你已为人父母，怎样才能避免把孩子变成一个不得不喂养父母情绪的人呢？我建议你可以尝试这么做。

首先，觉察一下自己脸上的表情，去照一照镜子，看看里面的你是什么样的。很多妈妈跟我说，孩子到了青春期就不愿意跟自己交流了，整天把自己关在房间里。但是她们可能没有意识到，自己脸上的表情是什么样的，是不是眉头紧锁、愁眉苦脸、充满怨恨？当孩子看到妈妈脸上的表情是这样的时候，他内心的感受又会是什么样的？谁会愿意去面对一个黑洞？那一刻他发现自己没有能力去照顾妈妈，于是就把自己藏起来了。

其次，你要学会对自己的情绪负责。要分清自己的情绪和别人的情绪。自己的情绪自己负责、自己管理，不能让别人成为你情绪的垃圾桶。要分清你是在做事情还是在发泄情绪。很多时候，你以为自己是在做事情，但其实只是在发泄情绪，比如生气的时候洗碗，把碗弄得乒乒乓乓响，甚至还给摔了。你想借此让他人更多地关注你，可是你忘了，你的这些负能量会传递给你的家人，让他们很不好受。他们没有义务来喂养你的情绪。

我们不妨找一个能够储存自己情绪的容器。这个容器可能是音乐，可能是绘画，或者其他自己喜欢的事情。在这个安静的容器里，你可以慢慢地去觉察自己的情绪，接纳它，然后再去改善它。

最后，你需要与孩子有一个健康的边界。有个广告，画面中一个孩子端着一盆水给自己妈妈洗脚。虽然孩子的脸上是开心的，但如果我是那位妈妈，我会告诉孩子："孩子你这样做妈妈很开心，但是妈妈可以自己完成这些事情，你只要完成属于你自己的事情就可以了。"

就像我见过的一对夫妇，很多人都夸他们的孩子很棒，很孝顺，是父母的骄傲。可是那对夫妇很淡定地说，其实他们自己也活得挺好，孩子只需要成为自己就可以了。所以，父母更应该是孩子背后的支持者，而不是情感的索取者。

总之，当你能及时意识到自己脸上的表情让人不好受，能意识到自己的情绪自己负责，应该和孩子有一个健康的边界以后，你跟家人之间的状态就会自然很多，家人也会愿意跟你沟通。而且孩子也不用再照顾父母，并且还有可能从父母身上学到处理个人情绪的能力。这样一来一回，积极的互动就产生了。

如果你是从小到大都不得不去"哄父母"的人，该怎样做呢？同样的道理，你需要意识到你不需要为父母的情绪过度负责，照顾好他们的同时，也需要跟他们建立一个健康的边界。

让你觉得压抑的家：家庭发生危机的信号

前段时间网上有个帖子，让很多中年男人特别能产生共鸣。它说的是，现在中年男性下班以后，更喜欢坐在车里抽根烟，听听音乐，而不是一下班就马上开车回家。因为对他们来说，职场是事业的战场，而家就是另一个战场。他们不想从一个战场立刻转到另一个战场，所以宁愿坐在车里好好放松一下自己。

我相信不想回家这个问题，不只是男性有，女性也会有。一位有家庭的女性在她工作一天回到家，还需要照顾孩子、打扫卫生、煮饭给家人吃时，她肯定会特别渴望有个放松的时刻。特别是在某些氛围较为沉闷的家庭里，家庭成员只会想逃出来，而不是在里面待着。

我以前的一户邻居就是这样。我一走进他家，第一反应就是屋子里边的气氛不对，他们家人之间的相处方式、脸上的神情都让我觉得不舒服。我去过一次就再也没去了，因为那里太令人压抑了。

家为什么会让我们感到压抑？明明它应该是让我们放松做自

己的地方，怎么却变成束缚我们的地方？这当中原因很多，我简单列举几点。

首先，有可能是因为我们渴望得到照顾的需求没有得到满足。

我们每天都要处理很多事情，并且要遵守社会交往中的各种条条框框，例如戴上社交面具，按照规则和别人打交道。这些束缚让我们感到很疲倦。这个时候，家就要成为港湾，成为我们舒缓疲惫的地方，我们可以在这里休息，也可以做任何事。我们应该是被包容的、被家人接纳的。因此，回到家的我们会开启任性模式。

什么是任性模式？在这种模式下，我们会对家人理所当然地索求，换句话说，我们会认为自己的一些诉求应该或者必须得到满足。比如伴侣必须怎么对待我、爸爸妈妈应该怎么照顾我。同时，因为对家赋予了很高的期待，无论在外面多厉害，回到家以后我们都有可能进入退行状态，即从一个成年人变回一个渴望得到照顾的孩子。所以当我们用任性模式和家人相处时，一些原本很简单的事就会变得复杂。就像妈妈面对任性的孩子一样，她不能生气，又不能打骂孩子，情绪只能不断被压抑，到最后突然爆发。

还有一种可能，就是家里的每个成员都处在一个渴望被照顾，对家人有所期待的状态里。当我们被迫承载这些时，因为没有办法很好地拒绝或打破对方不合理的期待，所以我们也会感到很压抑，很辛苦。

如果我们对回家感到恐惧，那我们可以观察一下，看自己是不是陷入了上述这两种状态。

其次，我们在复制原生家庭的相处模式，家人之间沟通太少。

表达是人与人之间一个重要的沟通桥梁，但在有些家庭里，很少有这种大家主动表达自己诉求或情感的时刻。每个人都在不断复制着这样的相处模式，导致家里氛围越发压抑。

因此，如果我们认同了原生家庭中那种不表达的相处模式，那么我们也会把这样的模式复制到自己的家庭中，自己给自己创造一个压抑的环境。

举个简单的例子，我有个来访者，她对自己的丈夫十分不满，因为每次尝试和他沟通，他都总是很冷淡，只会随意敷衍几句。我问她，那你对待丈夫的态度又是怎样的？后来，她发现自己原来在家里设立了很多"不允许"，例如不允许丈夫太过投入看电视，也不允许丈夫太开心。久而久之，丈夫见到她也不想说话，不想搭理。我问她为什么要这么做，她说，因为小时候我妈就是这样对待我的，她不想让家里太热闹。

你需要知道的是，压抑是家庭关系发生危机的一种信号。我们不肯向家人主动表达或不肯积极与家人互动，而是待在自己的内心世界里，就只能令我们与身边所有人产生隔阂，令彼此之间的关系产生危机。不过，危机本身也是一个改善关系的机会。

我孩子读初中的时候，一看到老师就觉得很压抑，连向老师询问学业上的问题都不敢。后来我教他一个方法，我说你不要把老师看成会管你学习或责怪你的人，而要把他当作你追求成功路上的帮手，你去找他帮忙的同时，也是在成全他的价值。当他尝试这样理解后，他就敢于去找老师问问题了，和老师的关系也慢慢变得和谐起来。

最后，戴着职业面具面对家人。

其实，让家变成战场还有一个原因，它源于我们认知上存在的一个与家人相处的误区，就是戴着职业面具来面对家人。

我看过一个小视频，是调侃班主任的。她在没有回到班里时，总是面带笑容，迈着轻快的步伐，可一旦走到教室门口，她就马上板起脸来看着学生。这就是我们说的职业面具。

我们长时间戴着一张面具，就会自然而然把它戴到别的环境里。职业面具通常都需要我们隐藏不好的情绪，用较为正面的情绪去回应他人。因此，当我们把职业面具戴回家里时，就会感到非常压抑，因为情绪无法得到释放。就像有些妻子回到家看到瘫在沙发上一动不动的丈夫时，她心里会很失望，可又不想直接表达这种感受，只能憋在心里，家慢慢地也就变成了另一个"职场"。

但神奇的是，这种压抑的情绪有时会变成我们寻求关注的方式。

之前有个来访者，她是家里的小女儿，上面有一个姐姐。尽管从小父母就树立平等对待姐妹俩的形象，但作为小女儿的她还是可以感受到父母的一些偏心。比如，当他们商量一些家里的事时，她总会被边缘化，好像在父母眼里她永远都是一个孩子。后来，有一次父母在和姐姐商量家里的房子要怎么分配时，她终于忍不住对父亲说："这么多年，你总觉得自己在做一个公平的爸爸，但在我心里却不是这样的。你只会跟姐姐去商量事情，然后告知我结果。其实我内心很难过，也很愤怒，我只是从来没有表达出来。"当她真实地表达出来后，她有一种特别强烈的放松感，她说："我不会理我姐或亲戚他们怎么看我，我只是坦白地说出了我的感受，我不想再压抑自己的情绪假装自己不在乎被边缘化。"

有时候，压抑感不是家庭成员给我们的，是因为我们内心得不到想要的关注而引发的感受。就像这位来访者，她一开始的压抑、不表达，只是用一种自怜的状态来寻求父母的关注。

其实，很多时候我们对家人也是如此。我们把他们看成是会指责、批判我们的人，而不是帮助我们的人。下次，当我们在感到压抑的时候，不妨思考一下，我们究竟把家人看成了什么？

为什么你会没有存在感

每个人在潜意识里都渴望被照顾。但如果一直被别人过度照顾，没有自主的机会，自我实现的成就感也会被剥夺。所以，自给自足和被照顾之间，是存在冲突的。

举例来说，三四岁的孩子，当妈妈给他穿上衣服或者袜子时，他会反抗，甚至生气地把衣服和袜子给扯掉，然后再自己穿上去。很多妈妈无法理解这到底是怎么一回事。其实原因很简单，在孩子的成长中，他需要一个机会去尝试，然后在尝试的过程中体验满足感和成就感。

这就是我们所说的自给自足，依靠自己的努力，满足自己的需要。同时，这也是孩子改变自己被照顾的命运的一个基石。孩子通过这样的行为，宣布自己是一个独立的个体，开始有了"自己"。如果父母不给孩子机会，一直过度照顾，那么孩子长大后就有可能难以自给自足。与此同时，他们又会通过一些不大正常的方式来保住自己的自由。

有一位妈妈跟我说，她遇到了很大的难题。儿子已经成年了，但她和丈夫仍然非常操心孩子各方面的事情。儿子考大学的时候，成绩不是很好，他们想办法让他上了一所还算可以的大学。等到儿子大学毕业，又帮他安排好了工作。但是，儿子谈了女朋友以后，花钱如流水，在网络上的各种平台贷款，最后还不起，没办法了，才向妈妈求助。妈妈很生气，但也没有办法，只能拿钱帮孩子还了一笔贷款。可是，孩子并没有说实话，过了几天，他又说自己还有另一笔钱没有还清。原来他借款的这些平台类似于高利贷，很可怕。

妈妈知道真相后崩溃了，觉得孩子太不懂事、太不负责任了，一点都不为家里着想。

其实，这里面的关键问题是，孩子为什么花光了钱不敢找家里要，而是去风险很大的网络平台借？想必他也知道，父母会念叨或责骂他。他不想被父母管束，即便他事实上是在被父母照顾。也就是说，他的内心在被照顾和自给自足之间挣扎。

同样，在亲密关系中也会有类似的冲突存在。

比如，有些女孩子在物质上需要依赖自己的男朋友，但又特别渴望拥有自由。因为男朋友给了她物质上所有的照顾以后，对她的人际关系以及其他各方面也会干涉。于是，在这种模式的亲密关系中，女孩子就会觉得很愤怒："为什么你要管我那么多？"

有一位女性来访者跟我讨论过这样的一个问题。她说，男朋友对她特别好，而且对她非常信任，但是，他会限制她的一些活动。比如，她想吃麦当劳，男朋友就会说："这个东西没有营养，对你身体不好，不能吃。你去吃其他有营养的东西会更好。"即使她因为这些问题和男朋友吵架，男朋友也会忽略她的情绪，坚持自己的意见。这令她很不舒服，甚至会感到愤怒和恐慌。

像这种女孩子，错就错在她们没弄明白，被照顾和完全自由本来就是互相冲突的，你想得到各种被照顾的好处，肯定就要失去相对应的自由。

其实，对大部分成年人来说，如果对他人没有贡献，或者没有给他人提供价值的话，就会有被边缘化的感觉。比如，你跟一群人出去野餐，但在这个过程中，所有人都在忙碌，有的准备食材，有的在烧水做饭，但他们告诉你："你不用动手，等吃的就可以了。"

这一刻，也许你会感觉被照顾了，但同时你也会感觉被边缘化了，原因是你没办法给这个群体或者组织做一些贡献。所以，在家庭中或者在人与人之间的关系中，如果没办法做贡献的话，也就意味着你是"无用"的。

有些人进入婚姻以后，为了照顾家庭，放弃了自己的工作，在经济上依赖另一半，久而久之，心里就会有一种焦虑的感觉。这是夫妻关系中潜藏的不安定因素。如果这种感觉泛化，就可能会对自己的另一半不信任。所以，我们最好的状态是，既能享受被照顾，又有自给自足的能力。因为这个时候我们的内心是平衡的，会更加自信，更有力量。

现实生活中，有些人和我刚才讲的情况相反，他们害怕被照顾，甚至拒绝被照顾。每当被别人帮助的时候，他们内心就会产生愧疚感。愧疚感让他们拒绝别人的帮助，他们什么事情都靠自己，像悲壮的、孤独的英雄一样。

害怕被照顾，通常是由于过去得到的更多的是有条件的照顾。比如很小的时候，妈妈跟他们说一些诸如"我做的一切都是为了你""为了照顾你，我失去了很多"的话，让他们产生了愧疚感，同时也意味着他们要承担更多。这种感受很不好，慢慢地，他们就会逃避这种被照顾的感觉。

我有一个朋友，每当别人送他礼物的时候，他就非常焦虑，甚至要买更贵重的礼物回报他人。他说自己不想占便宜，可是久而久之，他的朋友越来越少。

还有一种可能是你害怕别人的照顾会激发起自己渴望被照顾的愿望，产生一种要依赖他人才能生存的恐惧。为了不体验这种恐惧感，当别人为你做一些事情时，你会本能地拒绝。如果你排斥别人的照顾，不妨问问自己：你是真的不需要被照顾、被帮助，还是没有能力去面对自己的恐惧？

如果你在生活中总感觉自己是一个悲壮的、孤单的英雄，那么就可能意味着你跟别人的联结和关系出了问题，要去修正一下。请告诉自己：我们是可以被照顾的，这并不代表我们不能自给自足。

　　如果我们在自给自足的过程中内心充满了怨恨，那不是真正的内心自由，那会使我们更加孤独。当我们在自给自足的情况下被照顾，我们会感激照顾者或帮助我们的人。作为成年人，不管被照顾也好，自给自足也罢，我们都要有能力去承担和坦然接受。

　　总之，活在这个世界上，我们可以心甘情愿地去说"好"，然后温和而坚定地去说"不"，这就是给自己最好的照顾和自由。

自我价值感冲突：我付出那么多，可家人还是小看我

有一首歌是这样唱的："对你付出了那么多，你却没有感动过。"这首歌唱出了一种心酸、卑微和不值得的感觉。

很多人都有过类似的感觉，觉得自己特别卑微，甚至感觉自己被嫌弃了。贡献了自己的价值，却得不到足够的认同，也没有得到感激。这种低自我价值的感觉，让人非常难过。

自我价值感是个人对自身价值的整体主观评价，当中包含了对自己信仰的评价，比如"我有能力""我值得被很好地对待"，也包含了对自我情感状态的评价，比如绝望、骄傲或羞耻。

我们小时候，必须依赖父母的照顾才能活下来，因此父母的认同和喜爱是幼时自我价值感的唯一来源。

你有没有过这样的经历：当别的家长夸奖自己孩子的时候，你的父母却在一旁说，"你们家孩子真厉害，我家孩子什么都不行"。

看起来好像你的父母很谦虚，但这却伤害了你的自我价值感。

自我价值感最初来自别人的认同，因为价值本身来源于评价，

也可以说，自我价值一开始是别人给予我们的。

我们会发现，当别人说"你是个能力强的人"的时候，我们会觉得自己是有价值的。如果有人对我们说"因为有你，所以我很开心"，那么在那一刻，我们的自我价值感会非常高。

当然，自我价值感与你的生存发展状况紧密相关。如果你对生存充满危机感，感觉自己可能被边缘化、被抛弃，甚至觉得自己是别人的累赘时，你的自我价值感就会很低。

但是，如果你的出生和成长特别受父母和家庭的欢迎和期待，那么即使你是一个婴儿，你也会获得一种核心价值。这个核心价值就是——我是一个受欢迎的人，我是有价值的，我能给别人带来良好体验。

有一部分人很容易陷入一种模式里，就是无论做什么，都没办法得到父母的认同，从而导致自己的价值感几乎为零。为了不体验这种低价值感带来的糟糕感觉，他们会主动为家庭做更多的贡献，或者满足父母的要求，以此来获得家人对自己的认同和肯定。

在这个过程中，如果还是没有办法得到别人的认可，那么他们就会呈现出自我价值感的冲突。

这种自我价值感的冲突可能会以两种方式呈现。

第一种是以被动模式为主：他们经常觉得自己一无是处，觉得自己是多余的、不重要的。

第二种是以主动的模式为主：他们给人的第一印象可能是自信的，但他们内心潜藏着很大的不安全感。这就是我们所说的

"假性自信"。当他们正面的、完美的形象被质疑，或者被否定时，他们往往会产生强烈的愤怒感，有点像恼羞成怒的感觉。

电视剧《欢乐颂》里的樊胜美，就是一个自我价值感冲突的人。她特别在意别人的评价，会用各种假名牌来武装自己，希望别人看得起自己。但是，她内在的自我价值感并不高，因为无论她为家里做出了多大的贡献，即便自己没钱买衣服，还不断地给家里寄钱，她的哥哥和父母也并不会因此而特别感谢她、心疼她。家里一旦有什么解决不了的问题，父母都会理所当然地让她去解决。

樊胜美之所以会这样，正是她的家庭氛围决定的。她的父母有重男轻女的思想。从性别期待上来说，樊胜美的出生并没有被自己的父母期待，所以她的核心价值就没有了，自我价值感也就不会很高。

重男轻女的父母非但不会期待女儿的出生，严重一点的，还会认为女孩子是"赔钱货"。这就等同于这些女孩子还没出生的时候，就已经给父母带来了所谓的麻烦，被贴上了"累赘"的标签。当这种被嫌弃的感觉传递给樊胜美时，她为了能被父母看见，就会不断地用牺牲自己的方式去满足父母的需要。

可是，无论她怎样付出，都没有得到家人对她的认可。

她很生气，可是没有办法。在外人看来，她是高冷自信的白领，但每当接到家里电话时，她是崩溃的。这种崩溃，是自我价值得不到认可的崩溃。

所以，当你去过分讨好或者取悦家人的时候，等于变相地承认了自己的价值低。

法国作家巴尔扎克创作的长篇小说《高老头》里的高老头，也是一个很典型的付出者。

他把所有的东西都交给自己的两个女儿，为了让她们挤进上流社会，从小给她们最好的教育，帮助女儿们嫁入了豪门。可是，他的两个女儿生活放荡，挥金如土，不仅榨干了他的一分一毫，甚至在他临死前也没有来探望。

高老头很令人同情。他的两个女儿应该被批判，不过，站在心理学的角度，我们从高老头身上看到的，是他内心的恐惧。他没有存在感，价值感很低。他害怕，一旦自己停止了拼命付出，就会被女儿抛弃。

从高老头身上，其实我们可以去反思一下，作为子女的我们，是不是真的读懂了自己的父母。

有没有某些时候，父母过度付出，并且念叨他们对我们的付出时，我们会很不耐烦？甚至有时候，我们可能会粗暴地拒绝他们的付出。

其实，这是爸爸妈妈对我们深深的爱，也是他们自我价值不够高的一种表现。他们在担心自己不是好父母，害怕我们嫌弃或者离开他们。当我们了解了这一点时，我们慢慢就可以做到，对父母有更多的耐心、更多的心疼和更积极的回应。

　　还有一些家庭，父母常常会有一些自己都觉察不到的言行，伤害了子女的自我价值。

　　网络上有一个帖子是这样写的：我的父母很少会肯定我，所以我经常很自卑，也很容易自我怀疑，性格甚至变得很奇怪，后来只能自己调整。

　　父母只会一味地责备我不够自信，不如别人家的孩子健谈。可是从小就认为连父母都不喜欢自己的人，怎敢奢求得到别人的喜欢？

　　有个贴吧里的帖子这样写道：我在外面读大学，自己兼职赚钱买了一双品牌运动鞋，跟我妈说的时候她还不开心，好像她觉得我不配享受名牌。回家乡的时候有人无意问起，我妈抢在我面前说："这是女儿花 150 块钱买的地摊货。"引起他人的嘲笑。那一瞬间，我独自在外慢慢建立起来的一点自信，又被打回原形。

　　你看，这个帖子反映的就是，伤害我们最深的人，往往是我们最亲的人。

　　在这样的家庭中，如果想要通过改变父母来得到自我价值的提升，可能会缘木求鱼，是比较难实现的。父母的思维和深层的心理结构往往已经固化。我们能做的是自我拯救，不伤害家人和下一代的自我价值。

　　那么，我们可以怎么做呢？

　　第一，看见自己，重视自己。这对每个人都特别重要。

　　对一个孩子来说，家人的重视可以让他提高生存的信心。如果家人不重视他了，那么这种被忽略的感觉就像是对死亡的恐惧一样让人难受。

作为一个成年人，如果不被别人重视的话，我们感觉到更多的是一种羞耻。很多时候，我们怕的是重要的人对自己不接纳。

但其实最可怕的是自己对自己的不接纳。就像樊胜美，她无意中认同了自己是个女孩所以价值低的这个观念。所以我们必须要看见自己的价值。我们说，"存在就是一种价值"，你要先重视自己，才能被别人重视。

第二，重新做自我心理建设，提升自我价值。

性别不能改变，出身不能改变，但是未来是可以改变的，所以给自己更多一些接纳吧。即使我们不是特别完美的人，但是我们有自己值得被爱或者值得拥有的东西。

我们不能用拼命付出的方式来证明自己的价值，或者让别人来肯定我们的价值。如果付出意味着讨好，当我们陷入这种讨好的状态中时，就等于把对方看成是索取和需要讨好的对象，对方其实会很不舒服。在很不舒服的情况下，对方是很难肯定我们的价值的。

第三，请记住我们可以重新选择自己的人生。

如果成年后的你再陷入樊胜美式的为原生家庭无条件付出的那种状态里，那么原生家庭就会像一个无底深渊，不断地攫取你的生命力。最终，你将找不到自己，也不知道自己是谁。

不健康的自恋，导致冲突不断

家庭产生冲突的原因，第一个便是不健康的自恋。

希腊神话中有个人物，名叫那喀索斯。母亲生下他后，一个神告诉她，他一辈子都不能看到自己的样貌。所以他的父母一直不让他看见自己的样子，直到有一天，他在水塘边看见了自己的影子，完全被自己迷住了，最后死在这潭水中，变成了一株水仙花。

那喀索斯的恋人叫 Echo，这个名字是回音的意思，用来比喻一个极度自恋的人听不到别人的声音，只能听到自己的回音。这真是一个有关自恋型的人的一种绝妙的隐喻。

水仙花是个隐喻，说明了人的自恋本质。心理学家科胡特说："每个人一出生就有核心自恋，这个核心自恋是他发展的原动力。"

自恋，人皆有之，只不过有的是健康的自恋，有的是不够健康的自恋，更可怕的是恶性自恋。电影《飞越疯人院》里的护士长就是一个恶性自恋者。她用严厉控制的方式谋杀了精神病院里的病人的生命力。

在病房里，一切都井井有条，病人只能按时钟的指针生活，而不是按自己的需求。如果一个病人不在规定的时间里洗漱，他就不能刷牙，因为牙膏都被锁了起来。

在她主持团体治疗时，人们彼此互相揭短、无情嘲笑和恶意攻击，用麦克·墨菲的话来说，就像斗鸡比赛："一群鸡看到了某一只鸡身上的一滴血，都冲过去啄它，直到把它撕成碎片。"

看上去，她似乎是一位尽职的天使，努力想要做一个好护士，连周末都会放弃休息时间去城里做志愿者造福他人。但其实，她这样的人是在竭力使别人感到弱小，听从她的命令，遵守她的规则，按照她希望的方式生活。

自恋原本无可指责，但发展成了不健康的自恋甚至是恶性自恋，就会成为灾难。恶性自恋的人看不见家人的需要，只按照自己的需要去付出。可能他们并没有想到，自己所做的一切更多是为了满足自己是个好丈夫、好妻子或好父母的自恋心理，他们的行为实际上已经给家人带来了深深的伤害。

我们很难相信家人或者自己是恶性自恋者，但至少要了解家人或者自己都可能在某种程度上存在不健康的自恋。

我的父亲事事要求完美。很多年前，有一次，他让我搬一堆砖，我足足搬了四个小时，累得大汗淋漓。结果父亲回来一看，立刻就皱着眉头批评我堆放得不好，然后不由分说把我垒好的砖推倒重来，这让我深深地感受到了自己的无能和糟糕。

有一句很流行的话叫"有一种冷，叫妈妈觉得你冷"。可以说，这句话把母亲的自恋刻画得很形象。

很多父母都有一句任何时候都能理直气壮地搬出来讲的话——"我是为你好"。无论是在孩子小时候对他们管束打骂，还是在他们长大考学、选择专业和工作，甚至谈恋爱、结婚、养孩子时，父母都要把这句话搬出来干涉他们，似乎只要父母是"为了你好"，你就没有理由不接受。

这些都是自恋的反映。因为自恋，所以要事无巨细地控制。他们相信自己，就是不相信孩子也有独一无二的感觉、智慧、能力和审美水平。

这些年来，我总能在微博上收到许多焦虑的父母——尤其是母亲的求助信，他们总问一些我无法回答的问题，比如："孩子不好好学习怎么办？""孩子总是不听话怎么办？"

他们有个共同的特征：希望有个人说几句话就能解决所有的问题，消除他们的焦虑，最好能将所有可能产生问题的源头都掐断。

他们会要求伴侣、父母或者孩子所有事都听他们的，不给他们"添乱"。他们讨厌孩子出现各种问题，因为这会打破他们自己是个好父母的幻觉，会让他们感到失控。

"一切都要尽在我的掌控之中，不然，恐惧会让我死去""伴侣必须是我要的样子，孩子要按照我照料的方法成长"，这是自恋者最典型的心声。他们犹如惊弓之鸟，不能听到一点点异动，不能允许一点点"失控"的事情发生。

在不健康的自恋家庭中成长的人，从小就有迎合父母的倾向，看上去很乖很听话，但那只是暂时性地对父母的迎合和讨好。这样的人到了青春期，往往特别叛逆，成年后也可能过一种自己并不喜欢的人生——他必须扮演一个照顾性角色，以拯救者的方式出现。一个拯救者，往往也是完美主义者，他是会跟自己过不去的。他会把自己搞得很累，同时也可能会给家人尤其是孩子，带来很大的伤害。

回想一下你的成长经历，你对上面的场景有没有似曾相识的感觉呢？现在的你，是不是仍然会感受到来自父母的"都是为了你好"之类的紧箍咒般的控制呢？如果有，希望你有勇气去打破他们的自恋。如果你也做了父母，请安静地想一想，你对孩子的爱，是不是已变成你自己的自恋行为艺术？

两性关系中，不健康的甚至恶性的自恋，也常常会破坏彼此的感情。

我有个男性朋友向我诉苦，说他和妻子最近闹得不可开交，妻子总是指责他晚归，怀疑他在外面有什么情况。可他说，他对妻子很好。当我问他每天几点回去，一周回几次家时，他说每周有三四个晚上要在外应酬。当我再问他是不是很享受在外应酬的感觉时，他犹豫了一下，说："不瞒你说，确实挺好的，一堆人围着自己，吃吃喝喝，吹吹牛，享受一下酒后的微醺。"

这就是一种不健康的自恋。他不管妻子在家如何望穿秋水，只顾一个人在外享受喝酒聊天的快乐时光，但他却觉得自己对妻子已经很好了。

有的人在外面对人很友善，温文尔雅，在家却是另外一副面孔：以自我为中心，不理人，或者动不动就发脾气，这也是一种不健康的自恋。因为他爱上了自己的好人设，爱上了自己的面具，平日在外时戴着，等回到家就把面具摘下来，也不管家人受不受得了。

男人如果太自恋，就看不见女人的价值和需要。为什么很多女性到了四五十岁容颜不再的时候，特别喜欢强调自己为家人付出了多少？就是因为她们明显地感受到自己不再像年轻时那么受关注和宠爱。

我的一个女性朋友告诉我说，她能深切感受到二十几岁和四十几岁时，男人们投注在自己身上的目光是不一样的。二十多岁的女生，基本上还是被男人的目光包围着的，他们的目光很热烈。而到了四十多岁，这种来自男人的注视就少了很多，最关键的是，即便被注视，那种热度也不一样了。

很多家庭中，一旦对对方的眼神的关注不再，情感的纽带就会断裂，夫妻双方进而来到理智层面，讲对错，讲道理，争夺权力和利益。到最后，有的夫妻会撕破脸，走上法庭，家也就解体了。

请照一下镜子，看看自己的自恋情结严重吗？有没有严重到看不见别人呢？

请记住，被看见、被关注，是每个人最深切的需要。就像小婴儿最需要的是忘我的注视，当你深情地注视他，你会发现他的眼神是会变化的，眼睛会越来越有光。

爱是一种满足感，需要一个受体来共振和传递。而注视，就是这种共振和传递的前提。

内疚感冲突：你为什么会内疚

每个人都有过内疚的感觉。内疚是什么呢？简单地说，内疚就是当一个人伤害了别人，或者妨碍了别人的需要和权利的时候，内心产生的一种不安或难过的感觉。

内疚是由每个人的本我和超我之间的冲突造成的。

本我是由先天的本能和欲望组成的，包括各种生理需要。本我以追求快乐为原则，更多的是遵循本性，是无意识的、非理性的、非社会化和混乱无序的。

超我是人格结构中的管理者，它由社会规范、伦理道德和价值观念内化而来，最后形成一个社会化的结果。它的作用就是压抑本我的冲动，对自己进行监控，追求完善的境界。

当本我有一些欲望时，超我就会根据完美原则对本我进行管理。

当我们伤害了别人，或者对自己的不完美感到不满时，我们就会产生一种内疚感。生活中，我们有时会出现两种可以说是病理性的内疚感。

一种是持续地否认内疚。比如，自己明明做错了事情，应该感到内疚，但不愿意面对，就把责任推给别人，让别人感到内疚。举个例子，一位妈妈有段时间忙于工作，对孩子有内疚感，可是她却对孩子说："你给我添了很多麻烦。"

另一种是持续地、顺从地接受内疚。具有这种倾向的人对表扬或道歉的反应是自我批评和自责。他们会显得过于顺从和谦卑。即使错误是别人的，他们也会倾向于责备自己。

我有一位来访者S小姐。她经常和她的妈妈发生争吵。但每次吵完架，她都会感到特别自责，然后通过满足妈妈的一些心愿，或顺从妈妈的想法去做一些事情，来弥补内心的愧疚感。

比如，妈妈要求她成为一个工作稳定的人，她虽然一直跟妈妈辩解，但还是在30多岁的时候，去了一家国有企业做了一份类似文员的工作，向妈妈屈服了。

又比如，当她和妈妈在一件事上有不同见解的时候，妈妈会在跟她争吵的过程中说头很疼，然后默默离开躺在床上。每当这个时候，她都会觉得自己是个罪人，伤害了妈妈，于是放弃自己的意见，按照妈妈的意思去做。尽管她很不情愿，但总是会一次又一次地屈服。

我问她："当你妈妈生病或痛苦时，你体会到一种什么样的感觉？"

她说："我感觉她的病痛好像都是我造成的，有一种深深的内疚感，我需要为这件事负责。当我看到妈妈这样子的时候，我恨不得抽自己几个耳光，虽然我心里也会产生强烈的委屈感。"

你看，S小姐虽然觉得愧对妈妈，尝试通过这些类似自我惩罚的方式来降低自己的罪恶感，但同时，她又觉得自己的妈妈太糟糕了，总是利用自己的内疚感来控制她。这就是她和妈妈之间总是发生冲突的原因。

这种内疚感冲突不仅导致S小姐母女间的矛盾一直无法解决，还影响到了她平时的人际交往。比如，当男朋友感冒生病了，她也会觉得很愧疚，认为是自己没有陪在男朋友身边才会这样。但与此同时，她也会责怪男朋友，为什么不好好照顾自己。

后来，在跟她讨论分析的过程中，我才知道，原来她的妈妈在生她时发生了大出血，还把整个子宫拿掉了。她妈妈在养育她的过程中，多次重复告诉她这件事，因此她一直对妈妈有一种原始的内疚感，总觉得妈妈的痛苦跟自己有关，是自己伤害了妈妈。

从S小姐的这个案例中，我们可以看到，当一个人处在内疚的情感状态时，他很容易会因为自身的高道德要求而不断地"赎罪"，不断地付出，不断地听命于他人，去讨好他人，以补偿自己的内疚感。可是，一旦这样的补偿没有被对方接受时，这个人就很容易生气或指责对方。

当你给父母买一些高价值或品质比较好的东西，却被他们拒绝，并且他们还坚持省吃俭用时，你是否总会感觉到不舒服和生气？生气他们为什么不接受你对他们的好，为什么不肯用比较好的东西来改善生活。

如果有这种感觉的话，可能正是你的内疚感在作怪。因为你觉得父母糟糕的状态是与你有关系的，你应该让他们过更好的日子，但他们却并没有接受你的贡献或提议，还是维持着原先的状态，所以你会生气，甚至暴怒。

儿童心理学家爱丽丝·米勒认为，许多人一生中都受过这种压抑的内疚感的折磨，总有一种没有达到父母期望的感觉，并且无法克制这些内疚感。

内疚感之所以折磨人，是因为如果觉得内疚，那么你就已经假定你是有罪的，或者说有过错的。所以我们经常无法分清，究竟是因为我们有过错而感到内疚，还是因为我们感到内疚而认为自己有过错。

当然，在某些家庭中，子女身上背负的内疚感并不单单是愧疚，还可能会有一种更深层次的感受 —— 幸存者内疚，也叫幸存者综合征。

通常在这种家庭中，母亲可能有过流产或堕胎的经历。当出生的那一刻，子女就已经有了一种对失去的姐姐或哥哥天生的内疚感，所以经常会有没来由的内疚感。当然，这听上去似乎有点难以理解。

如果你经常会有内疚感，那么该怎么做呢？

第一，我们需要重新看待我们和父母之间的关系。

要知道，父母的人生是他们的人生，不是我们的人生。不是因为我们做了什么或没做什么，导致他们现在这个样子的，我们不需要因为他们人生中曾经发生过的事情感到内疚。而且我们需要看清楚，父母是否强行把他们的痛苦加在我们的身上，或者总是在不停强调他们的痛苦是由我们造成的。如果是这样，那么，这是父母的问题。

也就是说，人和人之间，哪怕是和父母之间，也要分清楚三点：这是谁，谁的事，谁的责任。

第二，他人的痛苦或许是他们自己需要付出的代价。

我曾经对前文提到的 S 小姐说过这样一段话："你妈妈把你生下来是她的愿望，她子宫被拿掉是她需要为此付出的代价。这些都与你无关，也不是你的错。当一个人选择去完成一个目标或一些事时，他就注定要付出相应的努力或代价，无论他付出的努力有多大，付出的代价有多惨重，这都是他自己的事，与其他人都没有关系。"

第三，我们要意识到，自己是否被他人利用内疚感控制住了。

当意识到这一点时，我们就需要明白自己并不是一个完美的人，我们可能无法满足他人对我们的完美期待。那么，这时我们就要去选择做一个真实的人，而不是一个好人，因为只有这样，我们的内疚感才能得到缓解。

第四，如果内疚感已经影响到日常生活，我们就需要向专业人士寻求帮助。

曾经有个男生跟我抱怨说，他见不得女生哭。每次看到女生哭，心里就会特别痛苦，很想去哄好她。后来通过回顾他家庭中的关系发现，这个男生其实一直在不停地为处于悲伤和焦虑状态的妈妈牺牲自我。当他发现自己没有办法让妈妈开心时，他就会觉得是自己没用、没能力，对妈妈感到很愧疚，还把这种感受直接映射到后来的亲密关系中，造成了非常多的麻烦。后来，在我的帮助下，这个男生找到了问题的来源和改善的方法，烦恼减少了很多。

最后，我要对年轻的父母说，请留意一下你们的言行。有没有某些时候，你已经在用让孩子内疚的方式去控制孩子呢？比如，你有没有说过"妈妈辛辛苦苦才把你生下来，辛辛苦苦才把你养大，你一定要怎样怎样"或者是"为了你，我和爸爸付出太多，你这样太让我们失望"？请留意，要尽量减少这种让孩子内疚的控制。

家庭动力不足，让家死气沉沉

　　每个人的行为背后都会有一些基本心理动力，这些基本心理动力影响着个人命运，是影响社会发展的重要力量。比如，弗洛伊德精神分析学认为，存在于无意识中的性本能，即人的力比多（libido），就是人的一种心理动力。

　　当人们聚集在一起生活时，每个人的心理动力会相互影响。在家庭中，它体现为家庭成员相互交流或者不交流。若不相互交流，就失去了心理动力的流动。

　　在一次聚会上，一个好久没见的朋友突然向我们宣布：她离婚了。当时所有人都很惊讶，因为这对夫妻在我们心中一直是一对类似神仙眷侣的存在。很少有人听说过他们之间发生过冲突或矛盾，而且他们的朋友圈一直给人一种很温馨、很幸福的感觉。

　　我们问她："为什么？"

　　她说："没有为什么。我们心里都知道，他有情绪，我也有情绪，但我们两个人都不愿意去做一些改变。家里的空气仿佛是凝结的，生命力也被消耗殆尽了。"

家人间的相互交流是心理动力的流动，是一种生命力的流动，它会流动到需要支持的成员身上。当这种相互交流能够在家庭成员之间畅通的时候，它就会促使家庭形成相互支持的健康发展局面。但是，当个人的心理动力出了状况，激发了其他家庭成员的防御机制时，他们就会采取情感隔离的防御方式来进行回应——他们将自己和流动的动力隔离开，不想再参与到流动的动力中了——这时，整个家庭心理动力的流动被阻断，这个家也因此变得死气沉沉。

在我进行婚姻辅导的时候，很多来访者都抱怨自己家里变得像死水一样。生活在这种情境下的他们，每天都憋屈得想呐喊，想发泄情绪，想摔东西，但又做不出来。曾经温馨的家，如今却变成了彼此的黑洞，好像无论是谁先开口说话，对对方来说都是一种伤害。

"广州妈妈网"曾经有一篇文章，作者说她和自己的丈夫已经分床睡半个多月了，除了吃饭会在一起，没有一点夫妻的感觉。双方待在一起很难受，想分开，但看到可怜的孩子又不舍得。长期在这种氛围下生活，你会感觉整个人像被一种东西锁住、黏住一样，动弹不得，进退两难。

在咨询生涯中，我经常能体会到这种可怕的沉默。我的来访者会在那里一言不发，自顾自地待着。我一直在等待他开口的那一刻，可能只是五分钟的等待，可那种感觉却让我觉得似乎过了一年。

可想而知，在这样的家庭中，每个人都处于非常难受的境地。实际上，在这样的家庭中，家庭动力已经非常不足了。

一个家庭的动力，就体现在能否交流上，而交流的背后，是价值交换。请不要觉得"交换"这个词太功利太物质，没有温度。人和人之间，特别是关系亲密的家人之间，也要讲价值交换，并且要遵守交换原则。

所谓交换原则，就是大家对彼此是有价值的、有意义的。例如，夫妻在一起是要提供生存价值、繁衍价值的；父母子女在一起是要提供抚养、陪伴价值的；而家人之间，更重要的是要提供情绪价值，即我们平时说的包容、关注、支持和安抚。

很多时候，你会发现一些女生明明长得很漂亮，各方面能力都很优秀，但她的另一半却很一般，无论是家庭背景还是工作能力都不如女生。大家可能会诧异为什么他们可以在一起，理由很简单，因为这个男生给这个女生提供了更多的情绪价值。

情绪价值非常重要，它可以让人感觉到周边的环境是充盈的，自己是充满生命力的。

古代的中国家庭有冲喜这么一个说法。当然冲喜在现代是不提倡的。所谓冲喜，就是说家里边有人生病了（多半是重病），整个家庭氛围变得低沉抑郁，这时候就需要办一件喜事，来冲一下喜，让家庭气氛活跃起来。其实，这也是一种情绪价值的体现。当病人开心了，情绪稳定了，他也能更积极地面对躯体上的病痛。

当家庭成员的心理动力不足，或者彼此无法再提供这些情绪价值，又或者对方不愿意提供我们想要的情绪价值时，我们就会对对方产生怨恨或排斥的心理。

就像我前面提到的那个突然离婚的朋友一样，在家里，她无法表达自己的情绪情感，因为她想要表达出来的东西都被忽视了。她的情绪不再被对方包容和安抚，对方不再愿意为她提供情绪价值了。所以，单从情绪价值这个观点来看，一个死气沉沉的家是存在以下几个问题的。

第一，我们不愿意跟自己的伴侣交换资源。

伴侣之间的资源是什么？就是我有你缺乏的东西。当我愿意把它给你的那一刻，我也得到了我没有的东西。举一个简单的例子，一个全职太太，她需要丈夫提供一定的经济资源，但同时，她可以提供给丈夫打理生活、照顾家庭的资源。这就有点像你挑水、我种地的感觉，是一种比较健康的伴侣关系，彼此都有可以交换的资源。

但当我们都不愿意把自己的东西拿出来跟对方交换时，双方关系就会变成一潭死水，背后已经是恨意在涌动。虽然这种恨意没有通过一些行为或言语表达出来，可沉默本身就已经是最大的攻击了。

第二，我们可能都在争夺说话的权力。

每种家庭环境都是家庭成员在无意中"合谋"的结果，并且在这个过程中，他们会不断地争夺某种权力。

关系中存在着四种权力，分别是支配和控制他人、影响他人、不被他人影响和能被他人依靠。所以，如果你想在家庭中创造出你想要的那个氛围，那么你就有可能在行使某种权力，或在跟他人争夺某种权力。

例如，当我沉默的时候，我其实就是在行使我的权力。我用沉默的方式来告诉你，我不想被你期待，也不愿意被你影响，你想让我做的事我通通不想配合。两个人的关系"合谋"到这样一种状态时，双方都会产生一种无法呼吸的感觉。

当我们处在这么一段令人窒息的亲密关系中时，该如何改变呢？

第一，你需要明确这段婚姻是属于谁的，你是否需要为这段关系负责。

若你认为这段关系是属于你的，你有责任去改变这段关系，那么你就需要做一些改变。在任何关系中，从来都是谁感受到痛苦，谁就是改变的那个人。这就有点像"一二三"木头人的游戏，不管谁动了一下，所有人都会跟着动起来。

第二，想要获得，必须先给予。

在和伴侣相处的过程中，我们很容易不断向对方索取，一旦对方没有满足我们的需要，我们就感到特别悲伤和沮丧。因此，我们需要提醒自己，要先提供资源给对方。只有相互给予、相互支持，这样的关系才能顺畅。

第三，生命中各种体验都是你自己的。

还有一种可能是，你现在的家里变成这个样子是因为你认同了你的原生家庭的相处模式，或是忠于你原生家庭的氛围。这种氛围或许不是你特别喜欢的，你生活得也并不开心，但它又是你熟悉的，所以你并不容易从里面走出来。你需要提醒自己的是，生命是你自己的，各种体验也是你自己的，你可以为自己做出一些改变。

第四，好好利用平衡原则。

所谓平衡原则，其实有点像拔河，一个人松一下手，另一个人就必须要调整姿态。

关系能否改变，其实就看我们是否愿意做先调整的那一个，是否愿意为亲密关系做出一些改变，跟对方产生一个良性的互动。作为成年人，你是可以有自己的选择的。

家庭动力涣散，会失去很多快乐

家庭动力不足，是因为家庭成员之间不愿意交换价值，尤其是不愿意交换情绪价值。下面，我们来讲讲家庭动力涣散的问题。

家庭动力涣散和家庭动力不足造成的结果类似，就是家庭成员之间缺少足够的交流，彼此感觉很孤单和压抑。不过，家庭动力涣散更多是指一个家没有共同的目标、共同的利益，或者说没有共同的兴趣爱好和共同的快乐。

"只能共患难，不能同富贵"就是一个典型的家庭动力涣散的例子。有些女人常说男人有钱就会变坏，穷的时候夫妻同心，熬出头了丈夫就开始在外面乱来，这里边就牵涉到家庭动力涣散的问题。

夫妻之所以能在共患难的时候同心，是因为他们有一个共同的目标，比如买房子、脱离贫困。这时夫妻的分工是明确的，比如丈夫在外面挣钱，妻子在家里打理家务，晚上就会聊聊天，说说今天挣了多少钱，离目标越来越近了，甚至共同憧憬一下未来的美好生活。这时，夫妻之间是彼此支持、相依为命、互相理解和感激的。

可是等到钱挣得差不多了，目标实现了以后，两人忽然发现，自己其实还有属于自己的未完成的心愿。这时候，两人的目标就不一致了，开始各自追求自己想要的东西。有些人可能会在物质层面上去补偿过去缺失的东西，有些人可能转而追寻一种精神层面的追求，双方没有共同的困难要去克服了，开始渐渐找不到共同的话题。在这个过程中，夫妻之间如果不能很好地去沟通，或者没有重新确立一个共同目标的话，那么家庭的动力可能不会流向对方，而是流到外面去了。

因此我们会看到，有一些人回到家之后，就会自动把自己封闭在自己的世界里，因为自己说的话对方可能听不懂，或者是不感兴趣，所以双方就失去了交流的意愿。慢慢地，这个家庭的动力就会涣散，家庭成员彼此都得不到支持。

有些人会说，财富给自己的家庭带来了麻烦，其实并非如此。在没有了共同目标之后，家庭成员就要去要寻找新的共同目标，以及建立一些共同的兴趣爱好，让家庭的动力持续下去。

家庭动力涣散，让家人各自为营

我有一位大学生朋友跟我说，每次寒暑假他都特别害怕回家。他刚回到家的一两个小时，与家人还能说一会儿话，彼此分享自己的事情。但是随着时间流逝，很快家里又会陷入原先死气沉沉的状态里。他回到房间关上门，妈妈做饭，爸爸在一旁看手机或看电视。一家三口坐下来吃饭的时候，也是默默无言。这时，他就会开始胡思乱想，担心父母之间出了问题。

其实，这就是因为家人没有共同的爱好。

在一个功能健全的家庭里，家人常常会有共同的爱好，比如一起玩游戏、坐下来聊天、打牌或者一起旅行。这些爱好会给家庭成员带来很多欢乐，让他们即使在分开的时候，也会怀念一起互动时的美好时光。有些西方家庭，特别是美国家庭，子女在享受了一段脱离家庭的自由时光之后，又会回归家庭，这正是因为他们之间的动力没有涣散。

很多家庭都会把一周的某一天定为家庭日。在家庭日那天，所有人都会放下自己手中的事情，只和家人在一起，大家一起打球、散步、唱歌，吃一顿好的，或者去旅行。这样的家庭充满了温暖，让人觉得待在家里很舒服。

在电视媒体流行的黄金时代，家庭成员会有一些共同的快乐：大家忙碌一天后，窝在沙发上围在一起看电视，手里传递一些好吃的零食，看看喜剧片，笑成一团，非常温馨。到了如今智能手机盛行的时代，一部手机就能打开一个世界，里面的资讯太丰富、乐趣太多了，很多人一打开手机就陷了进去，忘记了身边的家人。有个小品讲的就是这个现象。春节到了，老人终于盼得儿孙都回来了，开心得不得了，忙前忙后做了一桌子饭菜，可是儿女们、孙辈们各自捧着自己的手机玩，没有人说话，也不陪老人说话。老人的心里说不出有多难受。

所以说，越是在智能手机盛行的时代，家庭的动力就越有可能涣散。家庭动力涣散的时间长了，家庭关系就会出很多问题，比如你慢慢会觉得不被家人理解，或者对家人的期待落空，进而生出一些抱怨或恨意。家人长时间不交流感情的话，就会对交流感到尴尬和害怕，不知道从何说起，最终采取回避态度。在这种情况下，家庭成员的情感反应能力和情感投入程度都很低，沟通方式也会出现问题，最终使整个家里的气氛变得更加死气沉沉。

家庭动力涣散会导致家庭成员自我隔离。不能跟最亲近的人分享自己的喜怒哀乐，人慢慢就会变得封闭起来，对谁都不够信任。

家庭动力涣散，还会使家庭成员变得冷漠，只专注于自己的世界，不再关注其他人的情绪等各个方面的状态。家庭成员之间彼此忽视，越来越冷漠，在这种家庭氛围下成长起来的孩子，会变得特别自私。

这样的家庭还会让所有家庭成员都产生一种被消耗的感觉，似乎家庭给予他们的不是支持和滋养，而像是一个黑洞，让人不想回家。

因此，当家里变得死气沉沉、各自为营的时候，家庭就会慢慢分崩离析。

那么，我们该如何改变家庭动力涣散的情况呢，尤其在当下这个时代？

无论是在伴侣关系中，还是在家庭关系中，我们永远有一个原则，谁痛苦谁改变，谁有能力谁改变。所谓"星星之火，可以燎原"，只要有一个人先动起来，情况就会不一样。所以，你可以成为最先动起来的人，去带领家人做一些事情，比如带着他们从封闭的状态或者回避的状态中走出来，重新投入到家庭里面。带着家人去旅行一趟，或者做一些大家都想做、但一直没时间去做的事情。在某个节假日，来一场家庭聚会，开一个家庭会议，等等。

有时候，情况可能复杂一些，比如其中一个人出了很大的问题，使得原本很有凝聚力的家庭变得快要分崩离析了。这个时候可以考虑直接让这个家庭成员看到他有可能被这个家庭放弃。这样做反而有可能让他醒悟，让他意识到自己不可以失去宝贵的家庭。

我曾经应邀担任电视节目《和事佬》的嘉宾，经常会遇到一些赌博或者酗酒的家庭来做调解。当嘉宾遇到伴侣提出离婚的时候，我们不会一味劝和，反而会建议他先离婚。往往在去签署离婚协议的那一刻，那个酒鬼也好，赌鬼也好，他心中会突然意识到这个家庭对于他的支持和滋养，意识到自己是因为无法面对因拖累家庭产生的内疚感才反过来去责怪家人，于是他会下决心改变。这就是一个重新改变家庭动力的过程。

我的一位朋友的做法也很棒。他的原生家庭兄弟姐妹很多，虽然大家都不在一个城市，但每年都会找一个时间，通常是春节，大家庭所有人聚在一起，做好吃的，拍全家福，不允许一个人缺席。所以，他们家不但老一辈的关系很好，小孩子们的关系也很好。谁家有什么事情，其他人都不会袖手旁观，即便是父母辈去世了以后，家庭的凝聚力也依然不减。

除了固定时间举办家庭聚会，更重要的是，我们不要彼此责备，要更多地理解家人。也许你的家人和你一样，并不是不关心对方，只是不知道怎么去改变而已。

家庭动力崩溃，让家一点就炸

　　我以前的一户邻居，一家人每次出门的时候，看上去都挺亲密的，可是我经常听到他们家传出夫妻吵架声或是孩子的哭声。为此，我多次向物业管理处反映情况，也跟这家邻居讨论过，可情况并没有任何好转。

　　一开始，我很疑惑为什么这家人的相处方式这么奇怪，后来我明白了，这是因为他们家里的家庭动力崩溃了，所以一点就炸。

　　家庭动力崩溃的原因很简单——他们的家庭亲密度和家庭适应性存在问题。

　　家庭亲密度和家庭适应性的重要性，远远超乎你的想象。

　　美国明尼苏达大学的奥尔森教授提出过一个环状模式理论。他认为家庭的三个中心要素是家庭亲密度、家庭适应性和家庭沟通。

　　家庭亲密度，指的是家庭成员之间的情感关系；家庭适应性，指的是家庭系统为了应对外在环境压力或家庭内部的变化，去改变家庭中权力结构、角色分配或家庭规则的能力；家庭沟通，指的是家庭成员之间的信息交流，它对家庭亲密度和适应性的发展具有促进作用。

家庭亲密度和家庭适应性过低或过高，都不利于家庭功能的发挥。

沟通很重要，但如果亲密度过高，或适应性过低的话，再多的沟通在对方眼里都只是恶意攻击，彼此之间的争吵也不会停止。

家庭亲密度过高，会让我们产生一种希望对方跟自己能一体共生的想法，希望对方能够帮助自己解决所有问题。这会导致家庭成员之间是没有边界的，还可能导致恶意攻击的产生。

当我们处于弱小、害怕或缺乏安全感的状态时，我们自然而然地会把最亲近的家庭成员当成能够帮助我们的人。那么在这种情况下，一旦对方没有满足自己的期待，没有成为我们理想中的他或她，我们就会把对方看成一个伤害自己的人，恶意的攻击就会产生。而且，有时愤怒能帮我们隐藏一些不愉快的情感，比如愧疚、无力、沮丧或委屈，同时还能避免让我们产生更大的恐惧感。

我们经常遇到这样一种情况，妻子独自在家里照顾孩子，处理家务事，觉得很累，希望丈夫回家后能够帮自己一把。但丈夫却因为应酬，满身酒气地回家，不仅不能帮一把，可能还需要妻子去照顾他。看到这种情形，妻子就会很生气，用一些指责性的语言去质问丈夫，例如："你为什么现在才回来？你在外面搞些什么？"

从丈夫的角度来看，自己在外打拼已经很累了，回到家还要看自己妻子冷冰冰的脸，他会觉得这是一种伤害。既然对方已经拿起了"刀"，那么自己自然要拿起"枪"去对抗。

在这种一触即发的情形下，可能孩子做的一个动作，或发出的一些声响，就会让父母双方的怒火马上到达燃点，让整个家一点就炸。这就好像他们是生活在一个火药桶中，一点点小的问题，就可以把整个家炸掉。

恶意攻击的产生，除了因为家庭亲密度过高，还可能因为家庭适应性不足，也就是灵活性有问题。

我曾经在妇女联合会接待过很多位被家暴的女性，也都问过她们同一个问题，即"你知道你丈夫对你动手，是因为你跟他说了什么吗，或者你知道哪些话会让他想对你动手吗？"她们都说："我知道啊，只要我说这句话，他就一定会对我动手。"我问她们为什么不去避免说这些容易引发暴力的话，她们给我的回答往往是：没有办法忍住。

这一方面可能意味着她们平时积累了很多负面情绪，无法控制；另一方面也意味着她们的适应性或者说灵活性是不够的。

灵活性意味着有很多选择。当你知道你的行为会引发其他家庭成员某些反应时，你是可以选择某种方式去避免的。

所以，一旦家庭里的灵活性不够时，整个家庭就会处于一种不平衡的状态，进而引发各种激烈的争执和冲突。

那么，我们该如何处理好家庭亲密度和家庭适应性呢？

第一，注意边界问题。

当家庭亲密度太高的时候，每个人都希望对方能随时知道自己在想什么。这种"就算我不说对方也应该懂"的状态，很容易让对方没有一点私人空间。哪怕对方只是想一个人静静，我们也会觉得这跟自己有关系。就像在很多家庭里，父母随意进入孩子的房间，他们觉得是可以的、没有任何问题的。他们认为我们是你的父母，你是我们的孩子，我们当然有权利进出你的房间。

这就是亲密度太高，高到已经分不清你我的状态。在这样的家庭里，人与人之间是没有边界的，因为他们分不清楚哪些事情是自己的，哪些是别人的。并且，他们分不清的不只是空间上的边界，更多的还是心理上的边界。

第二，尝试用不同的方式来解决冲突。

我们经常会说，"不是一家人，不进一家门"。这就意味着家人彼此之间是相互认同的。所以当家庭中出现矛盾或冲突时，我们采取的解决方式可能是类似的、熟悉的。这虽然可能会令家人更和谐，但同时也有可能导致人们缺少多样化解决问题的思考方法。比如，家里都是固执的、冷淡的或者暴脾气的人，在一起，当然会产生冲突。

我有个朋友，他的父母要搬家。他的父亲是一个比较固执的人。他想把家里用了几年的空调拆下来放在仓库里，等新的房子建好后，再把它装上去。但我朋友很清楚，这个空调放两三年不用，肯定会变成废铜烂铁。他就劝说父亲把这个空调扔掉，等新房子建好后再买一台新的。但他父亲不肯接受这个提议，很生气地说："你搬不搬？不搬我就自己搬！"

以前我朋友听到这句话，会觉得特别愧疚或愤怒，然后就会顺着父亲的意思去做。但那天他换了一种解决方式，他对父亲说："那你搬吧，我有事先走了。"过了两天，他跟母亲谈起这件事时，他母亲告诉他，他的父亲最后还是决定把空调卖给收废品的人。

所以，灵活性对人与人之间问题的处理是很重要的。形成这种一点就炸的家庭氛围的一部分原因就是灵活性不够。每个人都觉得只有采取恶意攻击的方式，才能够消除自己的不安或恐慌的情绪，不懂得换一种解决方式。

第三，想清楚你是想解决问题，还是只想发泄情绪。

曾经有一对夫妻，孩子因为妻子疏于照料夭折了，丈夫把妻子抱在怀里安慰她。很多人都问他：为什么明明是你妻子的责任，你却对她没有一丝责怪？

丈夫说："我要我的妻子。她因为疏忽造成的结果已经无法挽回，我责怪她或怎么样，只会让我们两个人之间的关系更糟糕，这只会让痛苦增加。但如果现在能把这件事当成我们要共同去面对的一件事，我们就变成了可以互相支持和信任的人。"

听到这个故事的时候，我非常感动。

生活在一点就炸的家庭里的人，或许可以思考一下，你们到底是想维护好家庭，还是想在家庭中索取更多东西？当你只想索取更多东西的时候，一旦没有得到，就很容易对家庭成员发起攻击。

掌握好个体化和依赖的度：促进家庭健康

在人与人的关系中，有一对特别矛盾又特别有趣的冲突，就是个体化与依赖的冲突。

这种冲突通常表现为，其中一方渴望亲密关系和一种共生性亲近，他们几乎不惜一切代价地努力与他人建立非常亲密和安全的关系；而另一方却始终保持独立和明显的距离，他们渴望自主和自由，所以经常压抑自己亲近和依赖别人的需要。

有些人待在家里的时候，会觉得父母很烦，什么事情都要管着自己，没有自由，可是其实父母把他照顾得很好。等离开家独立生活后，他会发现自己完全没有自我照顾的能力。这时他就开始想念父母对自己的好，想念那种衣来伸手、饭来张口的生活。如果这种情况不是很严重，那也没什么关系。可是，有一部分人比较纠结——他在家里待得不舒服，在外面待得也不舒服；与人相处时待得不舒服，一个人独处时也不舒服。

实际上，这些就是个体化与依赖的冲突。

　　去年有段时间，很多人的朋友圈都被一则留学生做番茄炒蛋的视频刷屏了。视频中，一个刚到美国留学的男孩不会做番茄炒蛋，凌晨4点多发信息求助妈妈，问妈妈做番茄炒蛋先放番茄还是先放鸡蛋，而原本熟睡中的父母只能爬起来视频教儿子做菜。

　　当时这个视频引起了很多网友的争议，评论两边倒。有人感动到哭，认为这是父母对孩子最无私的爱，可以为了孩子做出任何牺牲；有人很愤怒，认为一个成年人不会做番茄炒蛋就算了，但他不在网上搜一下菜谱，反而在凌晨把父母叫醒，这简直就是一个巨婴啊！

　　对此，我想说的是，视频中父母的行为肯定是一种爱的表现，视频中的留学生也并不能代表所有出门在外求学的孩子。但是，由此我们可以看到的是，这个孩子和父母的内心都存在着个体化和依赖的冲突。

　　视频里看似是父母在教孩子，牺牲自己的睡眠时间，手把手教孩子做菜，但其实他们完全可以给孩子提供另一个学会番茄炒蛋的方式，比如让他自己上网查菜谱，而不是马上亲自录个视频教学。他们是在爱孩子，但他们没有意识到，他们还是很留恋这种可以影响和掌控孩子生活的感觉，这其实也是一种对孩子的依赖。而这个孩子，他已经成年，应该相信自己是有能力独立自主的，不必事事求助父母，被父母照顾。

　　说到被父母照顾，我们很自然会想到啃老族。从精神动力学角度来看，这些啃老族的内心都存在着个体化和依赖的冲突。很多时候，啃老的人也很不想依赖父母生活，因为在这个过程中，他们必须背负着深深的愧疚感和不自由。

为什么说依赖了，就一定会失去自由呢？

原因很简单。举一个例子：你和朋友去吃饭，但是你口袋里没有钱，那就要依赖朋友来付钱了。朋友出去接个电话或者上个厕所，你都可能担心他会突然走掉。这种被限制的感觉让你变得特别紧张和焦虑，而且完全没有一点自由。

依赖就意味着人失去了自主的能力。可是，啃老族依赖惯了就很难再个体化了。因为个体化就意味一个人能够脱离照顾者，真正作为一个独立的个体存在。而一个人依赖惯了，他就会退行到婴儿状态，时刻需要身边人的关注和照顾。如果没有满足他的需要，他就会哭闹，感觉自己快要活不下去了。

两性关系中，个体化与依赖的冲突也很常见。我有一位来访者，她是一个 25 岁的女孩，她告诉我她失恋了，没办法一个人睡觉，很痛苦，现在什么都做不了。

我问她："在谈恋爱之前，你是什么样子的？"

她说："那时候朋友们都说我是个女汉子，我什么都会做，连煤气瓶都能自己扛回家。但是我发现现在自己什么都做不了。"

我说："那在这段恋爱关系中，你跟你男朋友之间关系是怎样的？"

她说："如果他不在的话，我根本就没办法睡觉。我给他打电话，如果他不接的话，我就会焦虑很长时间；他不主动来关心我，提醒我吃饭，我有时候就会忘了吃饭。我的衣服基本上也都是他挑的。"

我说："这就很有趣了，你和他在一起一下子像个婴儿一样需要被照顾，你对他的依赖已经到了一种无法独处的状态了。"

她说："难道恋人之间不该是这样子的吗？不是应该相互依赖吗？"

我说："依赖并不代表着你们两个人要融为一体，也不是说你所有东西都要来源于他。如果是这样的话，那就是过度依赖了。"

这个女孩心中一直存在个体化和依赖的冲突。她在和男朋友相处的过程中出现了退行状态，形成了依赖型的关系模式。

我经常举这样一个夸张的例子，说一个丈夫被妻子照顾得很好，衣来伸手，饭来张口。有一次妻子要出门，做了一个大饼挂在丈夫的脖子上，但是丈夫很懒，只吃他嘴巴附近的大饼，不想转一下吃其他地方的饼，最后饿死了。

可想而知，这种过度依赖会让人丧失掉很多能力。当然，这是一种错觉。并不是说你真的没有这些能力，而是在依赖关系里，你会莫名其妙地觉得自己真的非常需要被完全照顾。这就是个体没有顺利完成分离的结果。同时，在这个过程中，你的自主能力和自我照顾能力都会丧失。

科胡特曾经说过："如果家庭或者情侣是一个整体的话，那么整体并不是简单粗暴的加法，家庭和情侣都应该是这个整体中能独立存在的部分。"可惜，很多时候，我们在亲密关系里，都在做简单的加法，而不是追求各自成为独立存在的部分。

那么，我们应该如何去避免个体化和依赖的冲突呢？

1. 我们要发展自己的能力

在我老家，有一句话是这样说的："爹有娘有不如自家有。"你和一个人出去吃饭，你口袋里有钱，就不会担心谁买单这个问题。同样，当你有能力的时候，即使跟别人建立关系，你也不会特别依赖他人，而且你会有更多的选择和自由。

2. 既追求爱，也追求自由

爱和自由是人类追求的两个终极目标。当我们退行到一种过度依赖的状态里，就等于放弃了对爱与自由的追求。这样的话，在亲密关系中你既得不到他人对你真正的尊重，也很难被承认是一个独立存在的个体。

3. 培养自己的独处能力

当你一个人独处，跟外界所有人都不发生关联的那一刻，你也能够满足自己，并且能让自己愉悦，这就是完成了个体化的表现。

需要注意的是，独处与自我隔离是不一样的。自我隔离是把自己关起来，这种感受是不好的，自我隔离的人对周遭的一切都是抗拒的、不安的，感觉也是不美好的。有独处能力的人则不同，他们在独处的时候可以跟这个世界发生联结，在人与人的关系里是舒服的和享受的。

走出理想化的怪圈，做真实的自己

　　2018 年，一档名叫《幸福三重奏》的综艺节目热播。其中，有一期节目很有意思，当大 S 看见福原爱为老公剥虾的时候，一脸难以置信，不无优越感地说："啊，我的老公不给我剥虾的话，我是不会吃虾的。"这句话透出一种强烈的傲娇的感觉。在她发表剥虾论的时候，汪小菲一脸吃惊，可见，他并不知道原来自己有这个义务，也不知道不给老婆剥虾会有这样的后果。

　　剥虾论一出，很多人都说大 S 太作了，因为大 S 的言论令人们有被贬损的感觉，毕竟，不是每个老公都会给老婆剥虾的。

　　在我看来，这就是大 S 对理想化老公的一种描述。它涉及了家庭冲突的一对矛盾 —— 理想化和贬损。

　　理想化和贬损这对矛盾常常发生在我们的生活中，发生在我们的各种人际关系中。这两种情况看似矛盾，却相生相伴，也就是说，越理想化，就越容易贬损对方。延伸出来，就是二人相爱相杀，最后，越相处越孤独。

人们为什么会构建一个理想化的自己或他人？这是为了得到安全感，为了让自己感到有力量。一个人现实生活中越是不如意，就越容易把一些东西理想化。现实生活越糟糕，人们越觉得自己可以成为彩票中奖的那个人。

为什么金庸的作品这么受欢迎？因为它能让很多人在小说中实现自己生活中无法实现的理想，在青春期的空虚中找到力量，帮助他们把人生理想化。很多人长期处于被长辈控制和被否定的环境中，精神的世界是很虚弱、无力、渺小的。因此，当他们看到武功高强、飞檐走壁、无所不能，并且能铁肩担道义、救天下人于水火之中的英雄时，就很容易代入自己。

理想化与贬损这对矛盾，在亲子关系和夫妻关系中很常见。

你有没有这样一种经历？你的父母从不当面夸奖你，而是在别人面前夸你，但你的感觉并不是很好。这是因为你的父母在满足理想化的自己。有句话是这样说的："我们的爸爸妈妈并不想养育我，他们只想养育他们理想中的孩子。"我们常常批评父母对孩子过分期待、苛责，实际上这就是父母对孩子的理想化使然。一旦孩子达不到他们的要求，他们马上就会各种指责，"你这也做不好，那也做不好"，对孩子进行各种贬损。而别人家的孩子是永远不会令他们失望的，这是因为"别人家的孩子"就是很多家长心中理想化的孩子。

有的女人喜欢在别人面前夸自己的老公和孩子，这也是一种理想化，是对自己的生活状态和老公、孩子的一种理想化，以便使自己获得安全感和优越感。可是回到家，她们有可能对自己的老公和孩子却充满抱怨和指责。

夫妻之间的很多冲突，都是因为一些不容易觉察的、隐藏的理想化和贬损。比如我的一位女性来访者说，她其实对丈夫并没有太多期望，不会像别的女人一样要求老公赚很多钱，升到多高的职位，而是常常安慰他说："你不要这么拼，不需要这么辛苦，我们都是过简单生活的人，没有太多物质要求。"我听了之后告诉她，你这个说法不会令男人高兴，因为这实际上是对他的一种贬损，就好像在说："你不行了，一边歇着吧"的那种感觉。男人们的快乐在哪里？男人们的快乐就在于让老婆孩子得到照顾和幸福。

有一次，我的这位来访者去逛街买了几件打折的衣服，回到家见到丈夫，急忙闪进了卧室把衣服往衣柜里放。丈夫问是什么样的衣服时，她解释说："不贵的，我等了很久，商场打折才买的。"老公因此很不爽。为什么很不爽？因为这句话在他听来就是一种贬损，是在说自己没有能力让老婆过上更好的生活。

生活中有很多像我的这位来访者的丈夫这样的人，他们是对自己要求非常高的人，有一个特别理想的自我意象，但对自己是不是真的有这么好又经常信心不足。如果听到妻子说出类似的话，他们通常会这样解读——妻子对我很失望，是因为我不够好。这一刻，他们听到的是一种被否定、被指责的声音。

这位妻子说的话看似是对丈夫的安慰和体谅，但恰恰忽视了一个将自己理想化、并且无法接受失败的丈夫的感觉。妻子也很委屈——我很懂事，没有浪费，我已经为你考虑了，可是你的反应否定了我的一切努力，或者叫付出的价值。

对婚姻的理想化，毁掉了很多婚姻；对伴侣的理想化，让亲密关系一地鸡毛、战火连天，双方都在指责对方不好。对他人的理想化最直接的表现就是改造和塑造对方，如果不能，就会对对方加以指责；对自己的理想化，会让自己经常体验到一种恼羞成怒的感觉，就像一个父亲对对抗自己的孩子说："我还不相信我治不了你了！"这是父亲感觉到孩子在打破理想化的自己，所以恼羞成怒了。

你是不是经常考虑别人会怎么看你？这就是因为我们一直在讨好他人，扮演那个别人眼中理想化的自己。周国平说过，人的成长有三次：一是接受这个世界不围着我转；二是接受有些事我们怎么努力都达不到；三是发现我们很平凡，并接受平凡的自己。

为什么我们要做真实的自己？因为不做真实的自己会让我们很痛苦，活在假象之中，而且我们和别人之间的互动是假的互动，这当然会令我们产生一种特别虚空的感觉。

而在现实生活中，往往是成为一个他人希望成为的人比较安全。很多年前，我有个朋友出家了，而在这之前，她一直是父母口中的好孩子，一个人照顾弟妹妹，还有父母。但是，她一直感到一种压力：如果自己没有能力照顾他们了，她将如何面对家人？她甚至可以想象出家人失望的眼神，或者被人说不负责任。

敢于打破对方的理想化，需要勇气，特别是在最亲近的人那里。

在我那个朋友出家前，男朋友和她分手了，并且在分手前告诉她一句话："你在做救世主，或许你是被逼无奈，又或者是你渴望他人认同你的方式，我知道，你希望我成为那个救你的人，很遗憾我做不到。"她失恋后，告诉父母："其实我在外面很苦，没有你们想象的那样能干，我做不到，我也不想做了。"她甚至没有给自己父母消化的时间，就直接消失了。

因为内心脆弱，这个女孩把自己活成了父母心中理想化的样子，连自己都没觉察到，她内心的真实感受有可能是贬损，甚至是恨意：你们太无能了，是吸血鬼。她父母之所以要把她理想化，是为了让自己心安理得。只有想象自己女儿无所不能，他们才不会产生愧疚感，只有这样，父母才不用直面惨淡的、属于自己的、无力的人生。

请留意一下你的内心，有没有某些时候，为了父母或他人心中理想化的自己而感觉到委屈和心力交瘁呢？

反过来说，如果你总是随便指责父母做得很糟糕，那可能说明，你也没能打破对父母的理想化期待，没有勇气承认他们原本就是如此。

如果你一直认为对不起身边的人，也有可能是因为你的理想化思维方式一直在起作用，根本没有看见真实的对方，也不敢看见。

怎么才能打破这个心理怪圈呢?

可以做个小练习。想象你的父母或伴侣就在你面前,对他们说:"爸爸妈妈(或者老公、老婆),我已经做到了我能做的,我做得足够好了。"请说三遍。你或许会难过流泪,但这就是打破理想化的开始,也是脱离理想化接受真相的开始。

如果你发现你的父母或伴侣把你理想化,那么,温柔、坚定、真诚地告诉对方:"抱歉,我做不到。"看看接下来会发生什么。

第二章

追根溯源：
你的原生家庭如何塑造你

我为什么会是我

不知道大家有没有问过自己这样一个问题：我是谁？

前段时间，我看了一个调查，说"80后"、"90后"的人普遍比"70后"更能找到自我。这是因为，"80后"、"90后"大部分都是独生子女，通常都独自在家，比较孤独。人一旦孤独，就会开始思考人生，首先会思考自己是谁，自己的一生将会如何，自己将来要去哪里。

那么，我究竟是谁？

大家不妨做一个小测试：用一句话描述自己是个什么样的人。这个测试是不是听上去很熟悉？其实我们去面试或跟新朋友见面的时候，经常会被问到这个问题。

在那一刻，我们是不是有种不知道该如何去介绍自己的感觉？或者说，尽管我们努力想用更合适的词语来描述自己，但始终觉得表达得不够准确，觉得描述出来的自己只是片面的，而不是一个完整的自己。

没错，认识自己并不容易。这不仅是因为人是很复杂的生物，还因为人被原生家庭打上了很深的烙印。我们只有搞清楚原生家庭是如何塑造了我们的，才能真正谈得上认识了自己。

原生家庭给我们人生第一阶段烙印，它给我们呈现了一个真实的家庭状况和家庭中的关系模式。原生家庭中成员的情绪和性格，也会延续到我们身上。当我们知道原生家庭会对我们形成上述影响之后，我们也就了解了为什么现在的自己会是这个样子。

原生家庭对我们的影响，首先是基因方面的。比如我们的身高、相貌、智力和性格，父母的遗传起了很大作用；其次是影响家庭中的氛围，父母对待我们的方式关系到我们是否快乐，会塑造我们对待世界的方式。

如果家庭中经常弥漫着担忧和恐惧的氛围，那么我们就会变得没有安全感，会认为这个世界上存在着很多威胁，从而导致成年后的我们过度地保护自己，把自己深藏起来。如果家庭氛围是快乐的，我们就会觉得人与人之间的情感流动是一种滋养，并且得到了一种成就感，因为我们给别人提供了价值。

总而言之，原生家庭中的一部分内容，已经成为我们生命里深深的印记。我们之所以会成为现在这个样子，正是因为原生家庭对我们的影响在延续。

我们之所以一直不知道自己是谁，是因为在原生家庭中，我们被剥夺了很多东西。

前半生中，很多事情都是我们无法主动掌握的，甚至对一些人来说，可能连情绪都无法自由表达，因为父母不允许。一些父母可能还会剥夺孩子的爱好，否定孩子的审美。即便孩子长大了，他们还是不允许他们决定自己的一切，甚至孩子连吃东西、穿衣服都会被干涉。

正因为无法掌握自己的人生，甚至连自己的性格类型、与外界的互动模式都不是自己选择的，所以我们才会时常怀疑自己是谁，思考自己为什么对这个世界有这么多不满，纠结自己未来该去哪里。这也会导致我们在向别人介绍自己的时候很迷茫，不知道该如何表达自己。我们还有可能会把对原生家庭的抱怨和怨恨，投射到自己平时的人际关系上。

当我们知道了"我为什么是我"以后，我们又该往哪里去呢？

首先，我们要跟随自己真正的想法。

人，包含了三个"我"——本我、自我和超我。我们需要做的，就是在这三个"我"中找到一个平衡点，让三者相互协调。这就取决于我们是想像以前一样戴着面具生活，还是想改变自己，用更真诚的方式去面对这个世界、面对我们周遭的人际关系。

只有跟随自己内心真正的想法，真正成为想成为的人，我们才能更清楚地知道自己应该去往哪里。

其次，我们需要思考自己要怎样过这一生，要寻找一个信念来支撑自己。

很多时候，不管是从认知层面，还是从情绪感受层面，我们都会被一些东西缠绕。例如，就像前面讲到的那样，如果原生家庭传递给我们的是恐惧，那么我们将来所做的一切事情都是为了应对恐惧。

当人有信念支撑的时候，也就拥有了足够的勇气和动力去完成更多的事情，也就不再恐惧了。因为只要自信了，就不再害怕别人会对自己加以责怪或惩罚。

有些人以卑微的姿态活着，会一直祈求别人看见自己，而自己也一直用讨好的姿态去对待这个世界和周遭的人。

有些人以对立的姿态活着，他们一旦发现对方没有达到自己的预期，就会觉得对方并没有用心对待自己，从而对他人产生一种厌恶和憎恨的情绪。

还有些人以认命的姿态活着，认为自己的命生来就是如此，没有任何办法可以改变。就像中国那句俗话"穷人算命，富人烧香"一样，他们去算自己的命，拼命想给自己贴上某种标签。

因此，我们需要重新去思考一下，自己的一生将要如何度过。我们需要寻找一个信念支撑自己，把"想要成为一个什么样的人"视作一个信念。

无论你想成为怎样的一个人，只要你确定目标，把它当成是你的信念，勇往直前，你也就不再需要疑惑自己到底是谁了。

最后，尝试重新设定人生目标，调整过去的姿态。

我们可以问问自己，我们是否可以给自己一种新的生存方式，给自己设立一个新的人生目标，调整自己过去的生存姿态。

　　生命其实是一个选择的过程。我们在生命中的每一天都会做选择，比如选择出行的工具，选择未来的伴侣，选择吃什么菜等。所以，我们每天其实都拥有重新选择的机会，我们可以选择一条跟昨天完全不相同的道路，不需要将自己困在某一个固定的模式里。

　　只有当我们意识到，生命中其实还有很多选择的时候，我们才可能真正开始成长，真正知道自己应该去往哪里。

　　因此，我们要明白自己是拥有很多东西的，我们并不空虚，我们是有情绪的，是一个立体的、完整的人。过去我们可能没有意识到原生家庭对我们的影响，不知道原来它一直在影响我们对"我是谁"这个问题的认知，但现在我们察觉到这一点后，我们可以重新做出新的选择，按照自己内心的想法去选择成为想要成为的人。

　　等到那个时候，我们再去面对这个世界，就会发现这个世界一定是用温柔回应我们。

你被对待的方式，就是你对待世界的方式

2018 年，我去录制了《超级演说家》这个节目。因为是第一次当着这么多人的面演讲，所以我特别想把这件事做好。但当我把一切都安排妥当准备上台时，却发现自己脑子一片空白。

我的演讲恐惧症犯了。

为了逃避这种恐慌的感觉，我对编导说："我不想录了。"无论编导怎么鼓励我，我都听不进去，一直处于恐慌中。

后来，我尝试进行自我对话、自我调节。我发现，我内心中似乎有父亲和我对话的声音。他不断地叫我要更加谨慎，要做得更好，否则我将受到惩罚。这个声音让我觉得，如果我不把事情做得很完美，那么我就要受罚了。

当我察觉到这个声音其实是平时父亲对我的要求时，我意识到自己已经把父亲对待我的方式内化成自己的一部分了。我把他对我的方式变成了我对待自己的方式，也变成了我对待这个世界的方式。因此，在我对上台演讲感到恐慌的同时，我也对编导有

了一些挑剔和抱怨。我会责怪他为什么把我的出场顺序从第二调到第一，破坏了我对完美的追求，还让我陷入了恐慌的感觉中。

这种将父母对待我们的方式内化成自我人格特质的过程，叫作客体内化。

什么是内化？打个比方，就像我们吃东西，把东西嚼碎吃下去后，消化系统会吸收或消化一些物质，将它们转变成身体里的营养，为我们的生命提供能量。这就是内化。那种单纯觉得对方好，或把对方当成榜样的形式都不叫内化，只有当你在某方面变得跟那个人一样，他的某方面特质成了你的一部分的时候，才算是客体内化。就像小孩子模仿自己父母的走路姿势，通过模仿，慢慢孩子自己的走路姿势和父母的一样了，这就是客体内化。

家庭中的很多冲突都来自客体内化。我有个来访者，她和她妈妈就是很典型的由于客体内化产生冲突的例子。

她们家存在着一个很奇怪的相处循环模式：她看到母亲指责自己的女儿时，会感到特别愤怒。可是她自己也会经常指责自己的女儿。

她说她不想成为跟她妈妈一样的人，却发现自己已经变成了跟妈妈一样的人。她很痛苦。

我告诉她："其实这并不是你的错，你不需要太过于责怪自己。你只是把曾经别人对待你的方式，内化成了你对待别人和世界的方式而已。"

同样，如果一个孩子曾被暴力对待过，那么他长大后也可能会用暴力对待这个世界。

心理学中有个词叫攻击者认同，就是当一个人被暴力对待后，他为了消除心中痛苦的感觉，会选择成为跟攻击者一样的人。

我有个女性朋友，她平时是个很温柔可爱的女孩，但她一旦察觉到别人要做一些对她不利的事时，就会变成一个斗士，去攻击别人。

有一次，她去参加一个培训，邻桌有个男生对她的朋友做出了一些不礼貌的行为。那一瞬间，她无法控制自己的行为，马上冲上去跟那个男生理论，并且抄起了一支铅笔，要去戳瞎那个男生。

我问她："是什么促使你用这种伤害他人的方式去处理问题呢？"她说："当时感觉好像只有戳瞎他的眼睛，我才能泄愤。"后来通过了解，我发现在她小时候，她只要做错一件事，她妈妈就会把她往死里打。每次被妈妈惩罚的时候，她都感觉很无助、很绝望，却没有任何办法改变。

久而久之，她学会了一件事 —— 只要自己有可能被别人伤害，那么她就一定要用最严厉的方式去惩罚对方。

那么，怎样走出客体内化的怪圈呢？

当你发现自己身上具备一些你并不认可的、属于父母的特质时，你可以通过一些方式去转化。你已经长大了，可以选择用不同的方式去对待这个世界。

首先，你需要坦然面对过去受到的伤害。

你要明白，这些东西是无法改变的，因为它已经发生，你也不能让时光倒流。或许，这会让你感觉特别无奈，但这是需要你接受的。

当你发现对你造成伤害，或是让你感到痛苦、恐惧的人已经内化成你的一部分时，你可以尝试慢慢接纳这个部分，重新去思考和发展。

其次，你要告诉自己，其实我很好。

很多时候，自我对话是一种很好的疗愈方式。为什么要学会自我对话？因为自我对话的过程就是改变你内在客体和内在自我的过程。

当这么做以后，你原本内化的客体就有可能发生改变，变成一个能够激励自己变得更好、更出色的客体。比如，你心中的父母形象曾经是严厉的，通过自我对话的方式，你可以把他们转变为鼓励你、引导你做得更好的父母形象。

你可以想象一下，曾经的你是多么渴望他们能够用宽容接纳的态度去对待你，并告诉你这不是你的错，不用害怕。因此，当你特别虚弱或特别自责的时候，不妨看一下镜子里的自己，告诉自己："你可以的，你只需要再努力一点就会成功，你并没有别人说的那么糟糕"。

只有这样，你才能改变对待世界的方式。因此，请尝试用更加宽容的态度对待自己，接纳自己的不完美。

最后，改变你解读世界的方式。

你对世界的解读方式，决定了你的安全感。当你觉得你在这个世界上没有安全感，经常惶惶不安的时候，你可以思考一下，你的不安感是从哪里来的？是什么原因导致你的不安？

其实，我们所说的安全感，是妈妈提供给我们的。

如果你的妈妈是一个特别焦虑、没有安全感的人，那么她就会把周遭的一切都看成是威胁她安全的因素。比如当你哭的时候，她会觉得天要塌下来了；当你向她索取东西的时候，她会觉得很害怕。久而久之，你也会被她影响到，觉得这个世界是充满不安的。

而且，一旦你认同了她对待世界的方式，那么这个世界对于你来说，也是充满危险的。你需要用一种对抗的方式去对待这个世界。

所以说，很多时候人与人之间的冲突，更多是由个体对事物的不同的解读方式造成的。

当我们重新思考该如何去对待这个世界的时候，我们内化的客体也会转变。就像心理咨询一样，所谓的心理咨询其实就是来访者跟咨询师不断重复沟通的过程，把咨询师当成是一个好的客体，去替代内在的坏的客体。

当你被内化客体影响的时候，你就无法切断与父母之间不好的联系，只能不断重复。当你尝试用不同的方式去对待这个世界的时候，你会发现，原来人与人之间的关系，并不都是像你父母对待你的那样。

你的性格和行为模式里，藏着你的原生家庭

　　人生不可以重来，这是一件很无奈的事情。对于一些人来说，他们内心难免会有遗憾，或者说总有一些未完成的心愿。

　　电影《大话西游》里，周星驰饰演的至尊宝就是这样。他一次次利用月光宝盒回到过去，想要救下因误会而自杀的白晶晶，弥补当时的遗憾。

　　这些未完成的心愿，很容易变成一种强迫性重复的行为。所谓的命运，就是心理学上说的强迫性重复带来的结果。

　　"强迫性重复"是弗洛伊德提出的概念。他在观察自己的孩子时发现，孩子在经历了一件痛苦或者快乐的事情后，会在以后不自觉地反复制造同样的机会以体验同样的情感。

　　在亲密关系中，我们容易不自觉地陷入过去带来的强迫性重复里。强迫性重复可以理解为，一个人小时候形成的关系模式的不断复制。

　　比如，小时候的关系模式是信任，那么一个人就会不断复制

信任；相反，如果小时候的关系模式是敌意，那么一个人就会不断复制敌意。而他的敌意，会让那些本来对他很好的人的态度从友善最终转向敌意。

强迫性重复有一个很显著的特点就是"不自觉"。它隐藏在我们的无意识里，很难被真正发现。很多时候，对于强迫性重复，我们根本无法意识到，于是就会把它们归为命运。

有一位来访者曾经找到我说，她谈过三次恋爱，但是三任前男友都是有妇之夫，这让她很困惑，甚至让她无法和别人走进婚姻。

尽管与男友如胶似漆，但当对方想要离婚跟她在一起的时候，她就会非常焦虑，一边站在道德高度谴责对方："你怎么可以抛弃妻子跟我在一起？简直太糟糕了。"另一边想到自己的身份，同样觉得自己很糟糕，不断地问自己："为什么会变成这样？难道这就是我的命吗？"

为什么这位来访者总是被有家庭的男人吸引呢？

后来，她和我说起了自己的成长经历。她的父亲在外面另有相好，母亲虽然没有和父亲离婚，但是脾气因此变得很暴躁，经常对她非打即骂，似乎对她充满了恨意。

相比之下，她更喜欢和父亲待在一起，父亲对她没什么隐瞒，还会把自己的女朋友带来和她一起玩。

在她的记忆中，父亲的女朋友是一个很温柔的阿姨，经常给她买漂亮衣服和糖果。她发现爸爸和阿姨之间的关系很和谐，他们三个人一起吃饭时候，她感觉很开心。所以，在两性关系中，她总是无意识地想成为像那位阿姨一样的人。

在这里，我们可以看到一种无意识的重复，就是她不愿意成为像自己母亲一样的角色。当男友要跟她建立婚姻关系时，也就意味着她要成为一位妻子、母亲，对她来说，她不情愿、也不能接受这样的角色和身份。

曾经有一位来访者，她的历任男朋友在其他人的眼中都是典型的"好好先生"。然而，和她交往一段时间后，对方会变得非常愤怒和暴躁。

她说，男朋友生气时的眼神里有杀气，好像恨不得把自己揍一顿。

有一天，她问我："为什么我能把一个人逼成这样？"

后来，当我们谈及她和她父亲之间的关系时发现，她父亲是有暴力倾向的，小时候经常打她。每次看到父亲愤怒的眼神，她都害怕得想逃走，但又无处可逃。

于是，我问她："你爸爸打你的时候，你有没有想过反抗他？"

她说："我没有这个能力，他太强了，我根本不可能去反抗他，但我是有这个想法的。"

不难看出，由于小时候无法表达出对父亲的恐惧和愤怒，长大后，她把这种对男性的敌意复制到了自己的亲密关系中。在与男朋友交往的过程中，她总是不断地用一些攻击性的语言，或是用不满足对方的方式激起对方对她的愤怒和怨恨。一旦恐惧的感觉重现，她就会提出分手。

在这样的恋爱关系中，她无意识地回到了小时候的情境中，把男友当成了父亲，然后去反抗他。只有这样，她才会觉得自己是有力量的，也完成了小时候想逃走的心愿。

我们会发现，有时候在寻找伴侣或者亲密对象时，能够让我们回到过去情境的人，总能不由自主地吸引我们与其发生爱或恨的关系。

那么，我们为什么会出现强迫性重复行为呢？强迫性重复的主要目的又是什么呢？

一般来说，强迫性重复有三个动力。

第一，表现对自己的忠诚，完成自己未完成的心愿。

就像第一位来访者一样，她想成为那个漂亮阿姨，不想成为自己的母亲。她对自己的母亲是不认同的，于是活成了母亲的反面，变成了母亲的敌人。

第二，重复是为了改写剧本。

就像第二位来访者一样，她激怒自己的男朋友是为了表现出自己的强大，想证明自己是有能力去对抗的。当然，这当中可能还有一些泄愤的情绪。

第三，渴望获得爱和关注。

有这样一个案例。在一个家庭中有两个男孩子，聪明伶俐的弟弟受到父母更多的宠爱，当哥哥感到自己不被关注时，是失落的，但是这种感觉他没有办法表达出来。

有一次，哥哥意外受伤了，这时他发现父母对他异常地关心和疼爱。在后来的成长过程中，哥哥总是会莫名其妙地意外受伤。

当我们再去分析其中的原因时就会发现，哥哥之所以会经常受伤，不断重复生病，其实是想再次获得父母对他的关爱。只有被爱、被关注了以后，他才觉得自己的存在有价值。

实际上，在我们的家庭中，每个人可能都有一些尚未完成的心愿或者被压抑的情绪没有被人关注到，久而久之，可能会在我们身上形成一种强迫性重复的体验。当你发现自己的生命中有一种现象经常发生时，不妨去认真看看是不是因为强迫性重复。

如果强迫性重复确实存在，我们如何改变它呢？

第一，需要看到我们的创伤来自哪里。

比如，当伴侣没有及时回复信息，我们就有被抛弃的恐惧感或者愤怒感。如果我们能够意识到自己这些情绪，那么我们就会知道，这种恐惧和愤怒并不是来自伴侣的行为，而是来自我们曾经被对待的经历，比如婴儿时期，母亲或者照料者没有给予自己完美的照料。

需要注意的是，体会和面对自己经历过的创伤，并不等于要重新经历一次创伤，而是让我们更清楚问题在哪里，然后再去解决。

第二，建立安全的依赖关系。

如果幼年经历过不安全的依赖关系，我们就会变得过度敏感和紧张，在关系中容易攻击他人。

就像第二位来访者，父亲的暴力行为打破了她对亲密关系的信任，但当她意识到自己过去的经历导致三个前男友变成了像父亲一样有暴力倾向的人时，她很认真地对这件事情做了处理。后来，我还跟她开了个玩笑，我说："如果你掉进洞里，一次可能是因为不小心，连续掉三次的话，那一定是你自己的问题。"

现在，她重新谈恋爱了，通过自我改变完成了治愈和成长，也很幸运地遇到了一个很有能力的男朋友。当然，这个男朋友没有任何暴力倾向，两人建立起了一段让她自己觉得舒服和安全的关系。

第三，建立新的认知。

作为一个成年人，我们要相信自己是有能力去承担一些东西的。在这个过程中，自己是能够被爱的，并且是活在当下的。

过去已经无法改变，但现在我们也不需要再为之前的种种伤害负责任。我们有权利选择新的生活方式，并且有能力写出不一样的人生故事。

父母关系是亲密关系的最初模板

我曾遇到一位女士，她对我说，希望丈夫能和她好好地吵一次架。因为每次她指责丈夫哪里做得不对的时候，丈夫只会蜷缩在一旁一声不吭，不反驳她，也不去哄她。我问她，你丈夫的这个样子，你觉得像谁？她说："很像我爸。小时候我妈就是这样，对我爸很凶，经常骂他、指责他，但我爸永远都不会反驳、反抗，就坐在一边不说话。那时候我一方面觉得妈妈很坏，另一方面又觉得我爸太懦弱，根本不像个男人。"

做婚姻辅导，特别是婚姻中两性之间的情感辅导是很困难的。很多前来做辅导的夫妻，都是一方觉得另一方有问题，希望对方能配合自己解决问题，很少有双方认为是彼此间的相处出现了问题，需要一起面对，共同解决。此外，我在辅导的过程中，也很难不触碰到双方的原生家庭。上面案例中的这位女士，显然已经完全认同了原生家庭里父母的相处模式，并且在不断地重复这样的模式。

那么，我们再去看看丈夫那边的家庭是什么样子的。很神奇的是，丈夫的家里也有一个相对比较强势的妈妈和一个比较宽容的爸爸。每次出现矛盾的时候，他爸爸就会对他说，女人就是这样子的，你不理她就好了。这就等同于向他传达了一个对女性的定义。因此，这位丈夫的回避不语更多是表现了内心对妻子的一种鄙视。

每当涉及原生家庭时，我们似乎都会出现道德上的冲突。孩子天生会维护自己的父母，只能自己说父母不好，外人不能说。可是，很多人对另一半的父母就不一样了。夫妻双方发生冲突时，很容易出现一方指责另一方父母不是的情况，例如类似"你怎么像你爸啊""你看你爸妈就是这样的，你也这样"的话语。这只会让另一方产生排斥的感觉，让冲突升级，而不是让问题得到解决。

事实上，我们与另一半的相处模式只是看上去跟父母间的相处模式相似，核心内容是不同的。后来，我给那位女士提了一个小建议，让她回去问她的妈妈，为什么要这样对她的爸爸。原来，她爸爸经常在外面乱花钱，令家里出现了经济问题，妈妈为此很焦虑，所以才去责怪自己的丈夫。而她责怪她的丈夫，是因为丈夫经常不给她回应。

很多人都会在无意识间重复着父母之间的相处模式，有可能是自己在重复，也有可能是自己和伴侣两个人一起在重复。因此，当我们选择结婚对象时，一定要先去看看对方的家庭，看看对方的父母是如何相处的。因为无论我们怎么摆脱原生家庭对我们的负面影响，它依旧会存在，还会影响我们未来的亲密关系。

那么，我们为什么会不断复制父母之间的关系呢？

首先是对父母的忠诚。作为父母，他们肯定在无意识间希望自己的孩子像自己，能够按照自己说的来做。所以，从小到大，我们都习惯听从父母的建议或意见，连带亲密关系都按照父母提供的模板来建立。

其次是榜样问题。这是一种习得方式，比如我们前面提到的个案中的不回应妻子的丈夫，他就是完全认同了父亲的处理方式，也正是因为这种认同，他把父亲当作榜样，全盘接受了父亲给予的解决冲突的方法。

孩子很多时候都在平衡父母之间的关系。没有一个孩子愿意自己父母之间是充满矛盾的，因为这会令他很不安，很恐慌，所以他会想尽一切办法去调整，比如扮演一个听话的孩子，或是扮演一个搞笑的角色来逗父母开心。这对孩子来说，是一种生存策略，为的是平衡他生活环境中的冲突和矛盾。

于是，长大之后，在遇到一些无法解决的问题时，我们第一反应就是以小时候的处理方式去应对。可是，用带有小时候认知的方式去处理成年人的两性关系，就像给大人穿小孩的衣服，是极度不合适的。我们只是照搬原先的模式来相处，而不是找到一个适合我们两个人相处的模式。

最后，更重要的一个原因是，我们很难以旁观者的角度去看待我们的两性关系。我曾经问过一位来找我做婚姻辅导的丈夫，我说："你有没有觉得，你们之间的这种争吵和小时候父母之间的争吵很像？"虽然他一直在否认原生家庭的一切，否认自己的父母，还发誓日后一定不会成为像自己父亲一样的人，但有趣的是，长大后，他还是活成了自己最讨厌的模样。只是，他比父亲更自责、更愧疚些。如果我们能站在第三者的角度，重新审视彼此之间的关系，那么我们也就更能了解到底发生了什么。如果不知道怎么才能扮演旁观者的角色，不妨尝试一下将发生在自己身上的事情想象成发生在朋友身上，想想自己会怎么看待他，安慰他，帮助他。

当我们厘清为什么我们会不断复制父母之间的关系模式后，我们就可以对自身进行一些觉察，并做出一些适当的调整。

总的来说，我们要改变这一切，先要意识到我们身份的转换。我们需要了解现在在这段关系中的感受，是当下自己的感受，还是曾经作为一个孩子时的感受；我们是否还在用孩子的方式来处理成人的问题。当我们无法分清楚时，就必须要随时保持觉察，这样才能在第一时间意识到自己原来还没转换身份角色。

接下来，我们就可以做一些认知上的改变。父母对我们的影响有好有坏，我们不能只关注它不好的一面，而是要试着重新调整自己对父母关系的认知。像我上面提到的那位妻子，她就和我说过，当她意识到原来她对丈夫的不满，和她妈妈对她爸爸的不满是不同的时候，她也就明白了自己不需要像妈妈那样，用妈妈对爸爸的那一套方式，去对待自己的丈夫。

再者，在亲密关系的相处中，我们是需要不断做一些调整的。如果我们一直保持着同一种相处模式，那么这段关系的最终走向只会和父母之间的关系一模一样。我们是成年人，是自由的，是有能力去改变一些东西的。我们双方可以通过不断沟通调整，提升自己的能力，来获得更多不一样的选择，找到一种属于我们两个人的相处方式。如果只是一味地指责对方和他的父母一样，就只会让我们躲在自己的防御系统里，并且更加认同自己父母的相处模式。

此外，我们还需要留意，在亲密关系中，我们是在相互疗愈还是在相互伤害。很多人在吵架的时候，都无法保持理智，总是说一些攻击或侮辱对方的话，更有甚者，会直接攻击对方的父母，说他们的不是。但这样会激发对方对我们的恨意，因为这就等于在挑战对方的自尊，侮辱其父母对其的爱。

总而言之，我们每一个人进入一段关系时，身上都会带有父母的烙印。因此，如果觉得对另一半又爱又恨，又嫌弃但又离不开时，我们应该明白，这可能只是曾经的孩子角色和现在的成年人角色在不断交替而已。意识到这点以后，或许我们就可以换个角度、换个方式去理解这段关系，寻找真正适合两个人的相处方式。

对父母的忠诚，让你复制父母的命运

英国有一部叫作《人生七年》的纪录片，该片导演用了 40 多年时间，跟拍了 14 个小孩的成长过程，每隔 7 年采访拍摄一次，直到他们 56 岁，导演才拍完全片，目的就是想看看原生家庭对一个人的影响有多大。

在片子里，那些 7 岁就读着《金融报》《观察家报》上私立学校的小孩，后来成了社会精英，生活优裕；而那些 7 岁时还不知道什么叫"大学"，每天只想不罚站、不挨饿的普通百姓的小孩，大多很早就放弃了学业，拿着很低的薪水，早早结婚，生了好几个小孩，屡屡失业，过着普通人的生活。只有 1 个人，通过努力学习，从乡村小孩变成了牛津学者。

这个纪录片让人看到了阶层固化，也让人看到了教育的价值。作为一个从事心理学研究工作的人，我看到的是忠诚——家庭中下一代对上一代命运的忠诚，也可以说是复制。你对父母的忠诚，让你正在复制父母的命运。

忠诚存在于每个家庭，子女对父母通常都是忠诚的。这样说可能会让你觉得有些刺耳，但事实就是这样。对小时候的我们来说，世界上最可怕的不是鬼，而是被父母抛弃。一句"妈妈不要你了"不知吓哭过多少孩子。为了避免产生这种恐惧，孩子会对父母表现出高度认同、服从和忠诚。当然，也有很多的爱。

我们对父母的这种忠诚，常常导致我们无意中复制父母的很多东西，包括命运。

我认识一个中年男人，他打过工，尝试过很多种工作，到后来多次创业，但他每次都一遇到比较大的困难就放弃，四十多岁了还一事无成。和我谈话的时候，他把这一切都归因于命不好。

他小时候很穷，父亲酗酒，常殴打母亲。母亲一辈子都过得很苦，很少笑。这个中年男人也几乎没有笑容，他说，如果他很快乐，就会产生对不起母亲的愧疚感，好像那是对母亲痛苦人生的一种背叛。唯有活在忧愁当中，他才是一个孝子。

他不仅仅不快乐，他的潜意识还不允许他成功。

从小，父亲就总是骂他笨，说他没出息，虽然他经常下决心要干出点名堂，证明给爸爸看，可是内心却认可了自己很笨这种评价，每次创业遇到大的挑战，感觉熬不下去的时候，浮现在他眼前的都不是成功的场景，而是父亲那句经常回响在他耳边的话——"你这么笨，能有什么出息"。接着，他就会对自己产生质疑——自己是对的吗？万一失败了怎么办？对可能到来的失败的恐惧令他每次都提前放弃。

是什么让他一直处于失败和贫穷之中呢？其实正是他对父亲的忠诚。父亲说他没出息，他的潜意识就让他用行动来证明自己是没出息的。实际上，很多人都会在自己完全觉察不到的情况下，通过呈现和父母相同的命运来表达自己对父母的忠诚。仿佛只有这样，才能和父母深深地联结在一起，才不会背叛父母。

我还有一个来访者，她的命运不仅受到了母亲的影响，还受到了外婆的影响，她可以说"跨越了三代的忠诚"。

她的困惑就是离不开抛弃自己的人，哪怕对方做了伤害她自尊的事情，她仍然会对他好，尽自己所能去满足他。在后来的咨询中，我了解到，她的母亲是一个把工作看得比什么都重要的人，在她只有两个月大的时候，就把她送到了托儿所。这使得她在一种被漠视的、弱依恋的家庭关系中长大，情感上的需要不能得到及时满足，内心很空虚，价值感和安全感都很低。长大后，她有了一种离开别人就无法生活的感受。

那么，她的妈妈为什么在她只有两个月大的时候，就把她扔给托儿所呢？为什么会把工作看得比孩子重要呢？实际上，她妈妈做了一个选择，那就是别人比自己更重要，领导或其他人的需要比自己孩子的需要更重要。她要去满足外界、去创造价值。她认为养育孩子创造的价值是很低的。

为什么她的妈妈会有这样的价值观？再往前追溯到她的外婆，我发现，原来她的外婆是旧社会的童养媳。过去，童养媳是很卑微的，可以说是被原生家庭抛弃的、为婆家服务的工具。外婆以这种身份生存下来，唯有不停劳作付出，才能得到安全感，才有可能被他人接纳。因此，妈妈忠诚于外婆的价值观，同样认为给别人提供价值比什么都重要。而我的这位来访者也认可了她的妈妈，认为给别人提供价值比自己的尊严、比自己的任何事情都重要。

可以说，在这个案例里，三代人的命运有着惊人的相似，其中看不见的原因，就是一代又一代对上一代人命运的忠诚。

心理学家弗兰克·卡德勒说："生命中最不幸的一个事实是，我们遭遇的第一个重大磨难大多来自家庭，而且这种磨难是可以遗传的。"他说的就是这种忠诚。

你痛苦的根源可能就是你的原生家庭对你的负面影响。

当你过得不开心或遇到很多问题，抱怨这是原生家庭造成的时候，有可能是有道理的，因为你真的很难不忠诚于你的家庭。那些不能做成功的事情，那些自我怀疑和不开心，有可能并不是你造成的。不过，你肯阅读这本书，去了解和改变，就等于给了你自己一个重新开始的机会。

最后，我要特别提醒一下已经做了父母的朋友，如果你和另一半吵架，一定要尽量避开孩子；不能避开的话，要给孩子解释，让他明白这种冲突与他无关。因为忠诚的存在，孩子面对父母之间的冲突根本不知道该站在哪一边，内心会非常纠结，很痛苦。

举例来说，如果妈妈和爸爸吵架，妈妈比较强势，妈妈骂爸爸，女儿就会很难过。作为"爸爸前世的小情人"，女儿有忠诚于父亲的本能，这叫作性别分化，是小女孩要长成女性的必经之路。另外，女儿也是爱妈妈的，而且她必然会认同强者，在这种情况下妈妈又是强者。所以这个时候她既同情爸爸，又想忠诚于妈妈，就会左右为难。

过度依赖他人而获得满足的人和完美的父母

经常有人在我的微博私信、在微信公众号后台留言，或者在我演讲的时候问我："我现在的情况是这样的……我很苦恼，你告诉我我该怎么办，我要马上解决。"我有时会告诉他们，我也无能为力，因为我没办法给你一颗让你一吃就好的灵丹妙药。

在我看来，这样的人都是太容易依赖别人的人。他们有个误区，会把一些权威或者在某方面懂得多的人理想化为一个完美的人，以为这些人能够解决他们的所有困惑。

这对他们来说并非偶然，有可能是经常发生的，甚至是必然会发生的。因为他们的心里一直存在一种关系模式，那就是：过度依赖他人而获得满足的人和完美的父母。

在过于依赖他人的人心中，存在一对完美的父母。他们总是期待他人像完美父母一样来满足自己。就像电影《河东狮吼》里面的柳月娥，她对丈夫说，结婚以后你不准看任何其他的女人，你只能对我一个人好，只听我一个人的话，即使我没有说出来，你也要猜到我的心思。柳月娥的这些话，很多女人都说过，她们也觉得很浪漫。可对于男人来说，这是不堪重负的，因为这是在要求他们变成女人的"完美父母"。

为什么那些追着我要答案的人以及类似电影《河东狮吼》中的柳月娥那样的女人，会渴求他人像完美的父母一样来满足自己呢？

这和他们小时候被对待的方式有关。小时候未被好好对待的人很容易过分依赖他人。

按照客体关系理论，六个月以内的婴儿是需要一个完美的、有求必应的妈妈的。在那个时候，婴儿跟妈妈是一体的。如果那时候妈妈不能及时回应和满足他的需要，在婴儿的心中就会分裂出一个好妈妈和一个坏妈妈。也就是说，当满足他的时候，妈妈就是个好妈妈，反之就是个坏妈妈。

有的父母不懂这一点，在这个阶段没有很好地满足孩子的需要，使得孩子的心中一直存在着依赖他人的愿望，就是我们所说的"未完成的心愿"。这样的孩子长大后，在人际关系中，尤其是在亲密关系中，他们总会依赖对方，希望从对方身上获得完全满足。

生活中我们常常会发现，一个心中有完美父母的人，对待他人的态度常常是两极化的：当别人满足他的时候，他的感觉特别好；可是只要别人有一点点没能满足他，他马上就会觉得对方是个坏人。因为他一直在重复小时候那种"好妈妈坏妈妈"的逻辑，他看到的是一个分裂的世界，他想要的是一个完美的妈妈。

留意一下，在你的人际关系中，当你指责对方不够好、做得还不够的时候，你内心是不是在渴望对方扮演一个完美父母的角色？这种愿望可能埋得很深，连你自己都未必能发现。如果你发现自己有这个愿望，其实就是你在过度依赖对方。

过度依赖让人想反抗。因为如果过度依赖让你感到恐慌，你就会特别渴望自主，对别人也会特别挑剔。就像有些人来问我问题，如果我给的答案不是他们想要的，他们可能就会在心里骂"你算什么心理医生，你根本什么都不懂"。因为我没能满足他，所以责怪就产生了。

可是，在真实的世界里，完美父母是不存在的。

可能有人会问，既然说过分依赖他人是因为小时候没被好好对待，那么那些被父母宠出来的孩子，为什么也常常很依赖他人呢？

其实在很多宠孩子的家庭，父母对孩子可能已经不仅仅是宠爱而是溺爱了。在溺爱家庭长大的人，也容易一直处于过度依赖的状态。所谓溺爱，就是过分满足孩子，一直扮演完美父母。对于孩子来说，他虽然没有所谓的未被满足的心愿，却也一直没有办法完成和父母的分离，养成了过度依赖和索求的惯性。我们前面说父母要尽可能去满足孩子，那是指在婴儿早期，并不是说一直要这样做。

在溺爱的背后，往往并不是父母单方面的付出，而是父母也在过度依赖孩子。

我有一位来访者就是如此，她非常溺爱儿子，为他打点好了一切。儿子 25 岁参加工作，谈恋爱了，还刷她的信用卡，一下子就欠了 40 多万元的债。她虽然生气，想停掉信用卡，可是因为怕儿子不高兴，就没敢真的停掉。

在和她讨论的过程中，她发现其实自己非常依赖儿子，因为夫妻关系很不好，她总觉得自己是没有人可以依靠的，像孤独的斗士一样。在她的心中，儿子是她唯一的依靠。她害怕失去儿子，所以一直要做儿子的完美妈妈。

因此，在过度依赖他人获得满足的人和完美的父母这样的配对关系模式里面，有可能是双方彼此依赖的。

依赖一个人的时候，是一种怎样的感觉呢？可能会有一种轻松和幸福感，但同时也会带来一种非常害怕失去对方的感觉。这种害怕失去的感觉会让人想要去掌控些什么，或者改变对方。

我之前有一位来访者，她的丈夫就像完美父母一样，对她所有的需求都积极回应，并且满足她，哪怕她只是看一眼某件衣服，她丈夫也会帮她买。她丈夫特别爱她，但她的内心极度不安，如果她给丈夫打电话，丈夫没接，她就特别恐慌。当她发现有些事情解决不了的时候，她对丈夫的谴责是非常强烈的。她想让她的丈夫更完美一些。

因此，越依赖就越容易苛责对方。过度依赖包含着想要改变对方的冲动和诉求，希望对方去扮演一个完美的人。

留意一下，你的内心是不是存在着这种过度依赖他人的渴望呢？如果是，你要去思考一下，是不是有一些事情是可以自己解决的？尽可能自己搞定自己的事情，但这并不代表你不被爱。

有些人经常说，什么事情都要我一个人去做，身边没有一个人值得我去依靠，太孤单了，太可怜了。但如果你能够进行一些现实检验的话，就会发现，自己解决一些事情，并不代表你是不被爱的。当你可以自己完成一些事情的时候，好好体会一下你的感觉是什么。是不是会很有成就感呢？

我们常说，家有余粮，心中不慌。当你具备自己搞定许多事情的能力时，你就不需要再去担心被别人抛弃了，也不会在别人离开你时，有世界崩塌般的恐惧感了。

友好、顺从的孩子和溺爱、赞赏孩子的父母

我认识一个乖巧的女生，她对谁都很好，公司里无论是谁叫她做事，无论事情是不是她职责范围内的，她都会尽心帮忙。虽然感觉很累，但当她听到别人对她的夸奖时，她又会觉得很开心。有一次，因为某件事，她认为老板对她的工作能力表示了质疑。从那之后，她就陷入了自我怀疑的状态里，觉得自己好像变成了被人用完就丢弃的便利贴，微不足道，即便做了这么多，到头来也得不到别人的肯定。

这个女生对待老板的方式，像是个顺从乖巧的孩子，渴望能够一直得到父母的赞赏。因此，只要老板交代的事情，她都会马上去做，一旦对方否定她，她就会觉得无法理解，无法接受。

这是因为，她内心存在着一对可能连她自己都没有意识到的关系配对模式——一个友好、顺从的孩子，一对溺爱、赞赏孩子的父母。

从小到大，她都是乖乖女，父母从来没有批评过她。就算她

做错了事，父母也只会说那是别人的错，与她无关。慢慢地，她就成了只能接受别人的赞美，无法接受一点质疑和否定的人。

这种配对模式还影响了她的恋爱关系，但奇怪的是，在和男朋友相处的过程中，她却扮演了一个溺爱、赞赏孩子的母亲角色。哪怕身边的朋友跟她说，你男朋友可能存在一些问题，不太适合作为结婚对象，她都不相信，还会不停赞美她的男朋友。

友好、顺从的人容易把别人当成溺爱、赞赏孩子的父母，有时也会扮演溺爱、赞赏孩子的父母。这个女生就一直在复制循环这个状态：一方面是个顺从的孩子，另一方面又是个溺爱孩子的母亲。

友好、顺从的孩子和溺爱、赞赏孩子的父母这种配对模式给人带来的影响是：人一方面缺少主见和创造力，另一方面又无法真正信任和看见对方。

为什么会这样呢？

首先，如果我们扮演的是一个友好、顺从的孩子，那么我们是没有自己的主张、没有自己的创意、没有自己的主见的，只会单纯去完成别人交给我们的任务。

在工作中扮演这样的角色，我们会为了得到赞美而去完成任务，而不是为了展现自己的能力或实现自己的目标，这对我们来说是痛苦的。蒋方舟曾在一次演讲中说过："一个好人在讨好全世界，那么这个好人到底会有多难受？"

因此，我们一旦发现自己做的事情没有得到他人的赞美，就会对这个世界产生怀疑，对自己产生怀疑。就像那个女生一样，她会怀疑自己的种种行为是否得体，是否正确。

其次，对那些发号施令的人，我们内心是不信任的。

我们之所以顺从别人，是因为我们特别害怕，害怕别人对待我们的方式会很不好，会让我们受到某种威胁。听从别人的命令，不是我们真心想去做的，所以我们对发号施令的人，是不信任的。

友好、顺从的人在扮演溺爱、赞赏孩子的父母时，通常是自恋的，很难理解别人的感受，因为溺爱的本质是对自恋的补偿。这种自恋式的溺爱，其实是把对方投射成了内心中的自己，溺爱对方其实是在溺爱自己。为什么那些没有在家庭中得到爱的孩子，反而同情心会特别强呢？因为越是缺爱，他们就越容易把他人投射成内心中的自己，通过溺爱他人的方式来爱自己。

在这种情况下，我们对别人的喜欢或欣赏，是"如我所愿，而非如他所是"。这是一种根本没办法看到别人的感觉。这种自恋会让我们产生一种无所不能的感觉，对方像是配合我们演出的演员，让我们一直处在宇宙中心。

当我们与别人的关系过于亲密时，别人一点很细微的情绪波动都会引起我们的反应，让我们无法厘清这种情绪到底是自己的还是他的，反而容易产生责备和埋怨。而一旦别人无法按照我们的意愿行事，我们也会对其加以责备。我们会觉得自己做的事情对对方没有任何意义，对方也不在意，所以心里会非常难受。这会导致我们在人际关系里的情绪波动非常大，同时这也是我们无法接受真实世界的原因之一。

如果我们内心存在着这样的配对关系的话，我们需要做哪些改变呢？

我们要认识到，溺爱不是爱，而是我们渴望的被对待的方式，只是为了得到别人的赞赏。当我们为了证明自己是一个好人的时候，我们所做的一切，最后都有可能是为了得到别人的赞赏，而不是为了完成事情。这样一来，如果我们没有得到别人的赞美，就会处在一个对人不对事的状态，注意力不是聚焦在事情如何解决上，而是聚焦在别人的态度上，这会严重影响我们的人际关系。

我们需要做出态度上的改变，不要为了讨好别人，或扮演别人眼里的好人，去做一些可能自己不喜欢做的事。长期的表演只会让我们变得更加辛苦和疲倦，还不如将心中幻想的泡沫打破，从半空中落到地上，踏踏实实重新寻找人与人之间的真实互动。

就像我一开始提到的那个小女孩，当我向她指出这个问题后，她去找了她的老板。问他上一次是不是对自己很不满意，是不是想开除自己。她的老板很惊讶，因为他早忘了这件事。他说，他没有觉得女孩的能力有问题，只是她当时那一件事做得不够好而已。他还说，希望以后女孩能和公司的同事更加平等地相处，而不是一味地去顺从他们。

很多事情都需要有一个交由现实检验的过程。只有被检验过，你才能确定它是不是真的如你想的那般。

破坏性的孩子与惩罚性的父母

其实，还有一种配对关系也是我们必须重视的，那就是破坏性的孩子与惩罚性的父母。

如果你内心常常有莫名其妙的、想去破坏的欲望，可能因为你有一个惩罚性的爸爸或者妈妈。

北京大学的徐凯文教授做过一个青少年犯罪调查，发现在调查的个案中，有相当一部分违法青少年都来自同一类型的家庭——中小学教师家庭。同时，他的另一份校园调查问卷里显示，在有自杀倾向的危机样本里，有50%都来自中小学教师家庭。得出这组数据的时候，他觉得非常奇怪，为什么会出现这样的情况呢？为什么良好的家庭教育背景反而伤害了孩子？

原来，很多老师因为看到过太多优秀的孩子，所以也期望自己的孩子同样优秀。一旦孩子达不到期望，他们就对孩子非常严厉，常常对他们苛责和惩罚。这种苛责和惩罚，往往会在孩子的心中种下一颗破坏性的、想报复的种子。孩子长大后，就会不断想挑战法律规则，或者违背人与人之间的伦理道德，甚至毁灭自己，也就是自杀。这就是教师家庭的孩子犯罪率或者自杀率那么高的原因。

破坏性的孩子与惩罚性的父母这种配对关系，会使人一生都在破坏与惩罚之间循环。

他们可能会一直不断地破坏一些东西，挑战规则，挑战权威，在破坏的过程中获得惩罚性的快感，比如"你们对我不好，我一定要报复你们"。在这种时候，他们会有一种特别强烈的满足感。但是，在快感得到满足后，随之而来的又是一种莫名的空虚和失落，以至于他们要继续去做一些破坏性的事情。

当一个人处在破坏和惩罚的循环里面时，慢慢地，这个循环会构成一种左右互搏式的平衡。就像金庸的武侠小说里面的周伯通，左手和右手能使出不同的招式，可以自己和自己对打。一个内心存在惩罚性父母和破坏性孩子的人，他也在左右互搏，相互平衡。

有时候我们会发现，有些成瘾性的事情无法轻易解决，比如网络成瘾、赌博成瘾。这些上瘾的人知道这些事情会破坏他的生活，对他们没有任何好处，他们也害怕这些事情对生活的不良影响。有些人会发誓说自己再也不赌了，甚至砍掉自己的手指头，但是，他们无法打破惩罚与破坏的循环，需要继续做一些破坏性的事情去释放情绪，安抚和满足自己。

渴望打破规则，其实是为了抵消被父母惩罚时的无力感。我有一个 38 岁的男性来访者，他在青春期时和一些社会闲散人员混在一起，他的父亲为此对他严加惩罚，甚至有时会把他吊起来打，或者摁进水里。这个时候，他的母亲总在一旁冷眼旁观，即便他求助，母亲也不理他。

这段经历对他造成了很大的影响。有三次，他的事业本来都好好的，可是突然莫名其妙就失败了。谈恋爱也一样，两次恋爱他都选择分手，其中一个女朋友还和他结了婚，生了一个孩子，可最后还是以离婚告终。他搞不懂为什么自己的生活会变得一团糟，于是前来求助。

在我看来，这位男性把自己的人际关系、事业和生活弄得一团糟，看上去好像是被逼无奈的，但实质上有可能是他主动选择的结果。我问他："为什么你的事业和恋爱都好好的，也很稳定，却选择放弃呢？"他说："我就是过不了那种平稳安定的日子，心里总想重新再去选择。我想打破一些东西，去做一些具有挑战性的事情。"

我接着问："你挑战的是什么？"他说："我觉得我要挑战的是一种世俗的眼光，别人说我做不到的，我就一定要去做；别人越说这个东西好，我反而越想去打破，让他们看到事实不是这样的。"

我继续问："这是不是和挑战你父亲的感觉是一样的？你父亲跟你说的道理，你也很想去打破它？"他说："是的，父亲惩罚我的那一刻我是很无力的，我特别想有朝一日能够打破它。"

这就是我前面所说的，虽然他已经是一个38岁的成年人了，但他的内心还存在着一个惩罚性的父亲和一个破坏性的小孩这样的关系模式。而他做的大部分事情都具有破坏性，是为了证明自己是能够自主的、自由的，来抵消被父亲严厉惩罚时的那种无助和沮丧的感觉。

那么，如果我们发现自己内心有一些破坏性欲望的话，我们可以做些什么？你需要看到，在这种破坏性欲望下，你真正的需要和感受什么。

前面提到的那位男士曾经跟我说过，即便到现在，他看到父母还是会害怕，遇到一些事情也不太敢去跟他们说。当他事业失败了，父亲骂他的那一刻，他的第一感觉都是，好像又回到了小时候，被父亲吊起来打。

我对他说："你看看现在的自己，你现在多大？你的身体状况怎么样？你的父亲应该也有60岁了，如果你们现在打一架，你觉得谁会赢？或者如果你父亲再把你吊起来打，你能不能反抗甚至赢过他？"他说："当然会是我赢。"我接着说："你去体会一下这种赢的感觉，你还需要通过破坏自己的生活、破坏自己的亲密关系的方式，来向父母证明他们的失败吗？"

当我这样说的时候他很难过。他终于肯承认当初被惩罚后的那种沮丧和无力的感觉。他说自己一生一直在破坏，其实他真正希望得到的是父母宽容的对待方式，而不是苛责，如果有一些过错，他希望父母可以跟他说没关系，而不是给他严厉的惩罚。

从这个案例中不难看出，只有当我们勇敢面对自己的破坏性欲望，看到心灵底层最真实的感受时，我们才会去改变一些东西，才会去重建自己的关系。否则，我们很容易在做一个破坏性的人和一个惩罚性的人之间一直循环，不断破坏，然后等待惩罚。

失控、愤怒的人与无能的父母

很多人以为"虎爸虎妈"的强势控制会给孩子带来灾难性的伤害，但其实，无能的父母才真正会让孩子被迫暴露在没有保护的状态下，使孩子产生一种非常强烈的羞耻感。

我看过一部电影叫《无名之辈》，里面有一名叫马先勇的落魄保安。因为贫穷，他没有足够的钱去交女儿的学费，所以只能拿些水果给老师，求老师宽限一下交学费的期限。

可他这副卑躬屈膝讨好老师的样子，令女儿觉得很屈辱，很生气。在那一刻，她痛恨父亲的无能，内心失控，狠狠地踩了一脚父亲带给老师的水果。

父母无能带来的这种羞耻感，会让孩子对未来感到十分不安，会使孩子用本能的方式去表达和保护自己，就像马先勇的女儿一样。所谓本能的方式，即孩子会以战斗的状态对待这个世界，遇到伤害时，他们第一反应就是愤怒，然后用攻击的方式回应一切。

无能的父母，会给孩子带来六个方面的伤害。

1. 让孩子暴露在充满危险的世界里，给孩子带来不安和危险的感觉

我们经常听到一些父母对自己的孩子说："你自己要好好的，我们没有能力给你提供比较好的条件。"因为父母没有能力去保护孩子，孩子就要独自一人去面对这个危险的世界，所以这个时候孩子的心中会感到特别失落和不安，尤其是对于还没有足够力量认清未来的孩子来说，这种孤单无助感会更强烈。

2. 无能父母大多是功能缺失的父母，这会让孩子对世界缺乏客观的认知

父母都有自己要承担的功能，比如养育功能、教育功能等。如果这些功能缺失或没有实现，就会导致孩子缺少对世界的客观认知，以为世界是围着自己转的，可以没有规则。他们一旦发现别人并不会让着自己，世界不会围着自己转，就会责怪这个世界，愤怒、失控。

3. 让孩子产生自尊缺失的受挫感

孩子的自我价值是父母在其成长过程中赋予的，如果父母无法得到别人的尊重，那么孩子也会因为自己是×××的孩子而感到羞耻和不被尊重。当孩子看到父母卑微地讨好他人时，他们是非常愤怒的。

4. 让孩子被迫扮演一个拯救者的角色

所谓拯救者的角色，就是孩子认为自己要成为一个全能的人。出于对父母的爱，孩子并不愿看到自己的爸爸妈妈受到别人的欺负或侮辱，所以会努力变成一个照顾、拯救和帮助父母的人。

在这种情况下，如果孩子能力不够，实现不了自己的想法，他就会自责，并体验到一种失控的感觉，就好像没有任何武器和准备就被迫上战场一样。这种感觉会让他变得特别敏感、愤怒和无所适从。

5. 让孩子变成承载父母过高期望的工具

期望过高，即父母会因为自己的无能而把渴望得到别人照顾的愿望投射到自己孩子身上。很多无能的父母，对自己孩子的期望是特别高的。

6. 无法帮助孩子建立稳定的自我

我有一个来访者，她的爸爸在外是个老好人，但对她的要求却很高，高到只要有一点小问题，她爸爸就会对她发脾气。但出于对爸爸的爱，她会经常自责，认为是自己做错了，才导致爸爸发脾气。

她一方面特别渴望自己的爸爸能够强大起来，能够给予她保护，但另一方面她又知道这不可能。一次次的失望让她变得特别敏感，在她看来，这个世界是不可控的，周遭的一切都会伤害她。在人际关系中，她不敢跟人太过亲近，同时也认为自己身上没有什么值得别人去亲近的。

后来，她有了自己的孩子，每次看到孩子没有按照她的要求完成事情时，她都会很愤怒，甚至觉得这个孩子不是她的孩子，而是一个仇人。

这其实是因为，她并没有在父母那里形成一个稳定的自我，导致她没有足够的能力去跟这个世界相处。

如果我们发现自己处于失控、愤怒的人与无能的父母这种配对关系中，我们可以做些什么呢？

首先，我们要纠正自己对世界的认知偏差以及对人际关系的认知偏差。

无能的父母带给我们的一种认知是，这个世界必须是公平公正的。如果我们没有如自己想象的那样被公平公正地对待，就很容易认为对方是坏人。可是，无论是什么社会，公平公正都只能是相对的概念。很多时候，我们需要做的是重新调整自己的认知。

其次，我们要努力脱离失控、愤怒的状态，去选择新的应对方式。

失控、愤怒其实是在表达自己的无能，也就是说，你心里已经完全认同了父母的处理方式。改变的方法是，我们要相信这个世界是有规则的，有规律的，我们不会随意被任何人伤害，也有能力去保护自己。很多能力都可以在后天重新习得，或是通过人与人之间的交往习得，我们还有很多新的选择。

再次，不要苛责父母、苛责自己。

当你体验到那种莫名其妙的羞耻感或强烈的自卑感时，不要认为那是父母的错。苛责他们并不会产生什么效果，也不能改变他们的生存状态。同时，你也不要苛责自己，因为这一切并不都是你造成的。

最后，告诉自己，愤怒没有用，解决问题的办法有很多。

我有个朋友，他是很容易焦虑和愤怒的人。有一次他在坐网约车的时候，司机走神错过了一个路口，令他差点赶不上飞机。他很生气，愤怒的模式马上要启动，但就在那一刻，他突然意识到愤怒是没有意义的，并不会改变已经发生的事情。于是，他平静地向网约车司机表达了自己的感受，提出了一个要求。司机同意了他的要求，并向他道歉。在这个过程中，他意识到每个问题的解决方法都是很多的，并不一定要像以前那样一点就爆。原来别人也是会听自己的想法的，也是会妥协的，这个世界并不都充满着攻击。

总之，当你对他人有了比较客观的认知，你对世界的看法也会随之改变。

孤儿心态和以自我为中心的父母

不知道你会不会有这样一种感觉：每当夜深人静，一个人躺在床上的时候，总是无法入睡，不断刷微博，刷朋友圈，心中似乎有些话很想对别人说，但翻遍通讯录，却找不到一个可以倾诉的人。网上有多热闹，我们在现实中就有多寂寞。我们仿佛和整个世界断了联系，像患上了"孤独症"，觉得自己像个孤儿，无处可依。

我们明明不是孤儿，我们有父母、有伴侣、有朋友，但为什么就算有时身边躺着最亲密的人，也还是会感觉孤单，感觉没人能懂自己？到底为什么会有这种孤单无助的感觉呢？

这是因为，我们心中有一个需要被爱、被陪伴的自我没有得到满足。

每个人都有自我，这个自我既让我们保持独立，又让我们渴望被爱。

在我们的童年时期，如果父母比较以自我为中心，没能充分满足我们被看见、被爱和被陪伴的愿望，成年之后，我们这种觉得自己像孤儿一样的感觉就会更加强烈，并且会让我们一直处于未被满足的状态。在这种状态下，我们不仅容易沉迷于微博、朋友圈等虚拟社交，还有可能会沉迷于一些自己创造出来的幻象中。

经典的安徒生童话故事《卖火柴的小女孩》就是这样的。孤独的卖火柴的小女孩，在风雪交加的夜晚露宿街头，她缺食物、缺温暖、缺爱，没有人对她伸出援助之手。当点燃火柴的时候，她就在火柴的微光里，看到了烤鹅、火炉和外婆慈祥的微笑。烤鹅代表食物，火炉代表温暖，外婆代表了爱。这些维持生命的必需品，是她靠幻觉创造出来的，也代表了她身体和内心深处的需要。

当然，大部分人不会像卖火柴的小女孩一样成为可怜的孤儿。但是，会有很多人变成内心世界的"孤儿"，无法与人产生非常深的联结。

比如我的一个来访者，她和每个人交往都感觉隔了一层膜，对朋友发生的事也都是抱着旁观态度，即使面对最好的朋友，她都会感觉有隔阂，无法真正交流。

有一次，她和一个交往了差不多十几年的朋友，因为一件小事断绝了关系。在那一刻，她觉得自己特别孤独，特别难受。她感觉自己对朋友来说是没有任何意义的，就像是朋友的一个影子，甚至可能连个影子都不如，自己好像是不存在的。

我问她，这种感觉有没有让你想起以前的一些经历？

她说，小时候，她的父亲很喜欢自己一个人跑出去逍遥，母亲则因为生病经常去医院，她大部分时间都是一个人待着。有一次，父亲把她一个人扔在了广场上，自己去做事了。等待的每分每秒都很难熬，有好心人过来问她情况，但她由于害怕别人对她不怀好意，也不敢说出自己的情况。最后，她等了很久，直到被警察带到派出所才见到了父亲。她说那一刻，感觉自己就像个流浪儿，没有父母，没有家。

长大之后，对于别人的事，她更多的是处于一种局外人的状态，自己把自己边缘化了。每天去了办公室，她都觉得自己像个孤儿，其他同事都不会在意她。她一边希望别人最好不要来找她，不要打扰她，一边又渴望他们能来主动关心她，但当别人主动关心她的时候，她又害怕别人是另有目的。

很显然，她心里存在着孤儿和以自我为中心的父母的配对关系。这种配对关系，一般会体现在四个方面。

第一，不会主动跟别人联系，但又渴望别人来主动联系自己。

存在这种配对关系的人，担心主动联系别人会被拒绝，所以他尽管觉得特别孤单，但一般不会主动去接触别人。同时，他对主动联系自己的人又会有一种期待，希望对方能像上帝一样理解自己，知道现在他很孤单，能马上来陪伴他。

因此，当某个人突然发信息给他的时候，他心里会很开心。但如果别人只是说几句就没了下文，他可能会憎恨别人。

第二，会把自己隔离起来，可能是情感隔离，也可能是关系隔离。

把自己隔离起来就等同于给自己筑起了一道围墙。存在这种配对关系的人无法对别人产生信任。当有人走近他们的时候，他们会觉得他人是以自我为中心的。

因此，有些人说感觉两个人在一起反而会更孤单，就是因为他们在隔离对方。他们不信任对方，同时也担心与对方无法产生想象中的完美互动。

第三，有着孤儿心态的人，心里往往住着一个极度自私、以自我为中心的自己。

有着这种配对关系的人，一边扮演着孤儿的角色，一边扮演着以自我为中心的父母的角色。正因为两种角色的矛盾冲突，让他们不知道该以什么样的方式去回应这个世界。就像我的来访者一样，她渴望别人来主动关心她，但同时又对别人冷眼相待。当别人来找她的时候，她的第一反应是回避。

这也导致了他们在自怜的同时，也很自闭。无论是在哪种社交场合或人际关系里，一旦陷入了自我同情的状态中，他们就只能关注到自己的情绪，而无法留意到外界的变化。

第四，会把自怜投射到其他方面。

人们大多会觉得喜欢收留流浪猫、流浪狗的人是富有同情心和悲悯心的，这的确有道理。但还有一种可能，就是这些人从流浪猫和狗身上看到了自己，看到了一个流浪的自己，从而特别想扮演上帝或拯救者的角色来解救自己。收留猫狗，就是收留自己。

如果你在自己身上看到这种配对模式后，该怎么改善呢？

首先，你需要跟以自我为中心的父母和解，放下对别人的期待。

当你呈现出孤儿状态的时候，其实是在向以自我为中心的父母表达"你们伤害我，你们对我不好"。同时也是在向别人传达"自己很可怜"的信号，希望所有人都来同情你，回应你的诉求。但你需要明白，抱怨父母无济于事，而你对他人的期待则常常很难被满足。

其次，当你意识到自己一直处在隔离状态时，你需要打破自己的围墙。

就像我的那个来访者一样，当我告诉她，你可以尝试主动去跟别人建立关系之后，她在同事的新屋入伙派对中主动提出想参与游戏，这就是在打破自己的围墙。

那晚过后的第二天，当她回到办公室时，她发现周遭的同事都会主动跟她打招呼或问好，这让她感觉很温暖。正是因为她的尝试投入，让她和周围的人产生了联结，也让她获得了情感上的交流。

因此，当你晚上睡不着或者感觉到很孤单的时候，你可以尝试拿起手机，向你认为相对比较亲近的人发出一个求助的信息，告诉对方自己现在感觉很孤单，希望对方能陪自己聊聊天，或许能收获完全不一样的感觉。

我们不敢求助，常常是因为在小时候对以自我为中心的父母发出请求时被拒绝或责怪，所以害怕别人也会这么对自己。不过，这只是我们把父母的角色投射到别人的身上而已。

当你处于孤儿心态的时候，你会有种宁愿跟动物打交道也不想跟人打交道的想法，但人类喜欢群居，大家是需要联结的。不然，我们就活得像个孤岛，而这种感觉，就是对生命最大的消耗。

认同和投射性认同：影响你对人和事的看法

除了人性的自恋、攻击性，家庭里的爱与伤害还和认同有关。与前面几种心理动力一样，"认同"也以一种你几乎觉察不到的方式影响着你的性格、喜好、价值观以及你的各种关系。

所谓认同，就是我愿意成为你，或成为你想认可的人。比如，家里是书香门第，那么从小我们就认同了书香门第的价值观，觉得自己应该好好读书，要有读书人该有的样子。又比如，我们小时候看《杨家将》《岳飞传》，杨家的子孙从小就认同自己家族是忠臣良将，而岳飞的妈妈更是把"精忠报国"四个字刻在了岳飞的背上，这必然会带给他们对这种身份、价值观的强烈认同。

除了身份、价值观的认同，我们生活中还普遍存在着舒适圈的认同。我们常常说，要想实现自我的成长和蜕变就要强迫自己走出舒适圈。走出舒适圈为什么需要强迫呢？因为我们认同了自己的舒适圈，要走出去并不容易。如果周围的环境已经打破了自己的舒适圈，那么人们常常会不自觉地再营造一个和曾经的舒适圈很像的环境。

有一年，我妈来到我的新家住了一阵子。我家的装修还算是比较时尚的，我也比较讲究生活品质，比如毛巾一定是质地很好的高支棉，但我妈一来就去买了很便宜的面盆，还有两元钱的毛巾，以及一些涤纶类的东西。我知道，这就是她的舒适圈，这些物品中有她熟悉的味道，能带给她安全感。

前不久，我送儿子上大学，他的同学中有个长得很好的男孩子，随身带了七瓶香水，一家人来送他。他的爸爸一看就很有艺术气质，看起来不是搞艺术创作就是做艺术品收藏的。奶奶也戴着莹白的珍珠项链和碧绿的翡翠，看上去家里应该很富有。男孩子收拾箱子时，我看到里面的衣物看起来都很高档。后来，我发现他箱子里有一个小熊，就问他："你是不是睡觉要拿着这只小熊？"他吃惊地说："是的，这是我读初中和高中要拿在手里才能睡着的东西，你怎么知道？"我说："因为它很旧了，和你们的其他物品很不搭。"看，这只小熊就代表了他对自己过去的舒适圈的认同。用心理学的话来说，这只小熊就是一种过渡性客体，是带给他安全感的东西。

同样，我的儿子上大学的时候带去了初中住校时的床单，说很舒服。其实，这里的舒服可能不仅仅是触摸起来舒服，主要是带给他心理上的舒服，是带给他安全感的东西。

还有一种认同是对自己想要的身份的认同。比如，突然富裕起来的人可能会去模仿富人的行为，有时甚至到了非常夸张的地步——花很多钱买很多东西，东西用不完就扔掉等等。

这种行为是可以理解的。这种人是在和自己脱离的阶层划清界限，对富裕阶层表达认同。可是，富裕久了的人就不会这样。我们常说，三代以上才有贵族，就是这个道理。为什么很多人到国外会疯抢奢侈品？除了因为这些奢侈品国内外价格差异很大，在国外买确实比较划算，也不排除是被一种对富有、时尚阶层的认同感推动，用外在的奢侈装扮，来和他们不想要的过去的身份告别。

认同不一定是坏事，但当好的坏的都可能被认同时，问题就出现了。

很多时候，人们认同一种东西是一种没有经过大脑判断的、不自觉的行为，他们可能无法分辨这种东西是好是坏。这就好像把你扔进一个大水池，水池里有纯净水也有污水，混在了一起，你无法分清，除非有一个过滤器。更准确地说，你需要一个净化系统。

思想就是我们的净化系统，心理咨询师也是一个净化系统。不过，在我们父辈那个年代，人们很少有机会走进心理咨询室。

我们的父母常常在非常劳累、疲惫的情况下，带着工作上的负面情绪回家，不知道该怎样净化一个环境给我们，让我们在理性的情绪中平和地长大。他们受他们自身能力和见识的影响也会输出一些不够正确的价值观给我们，这就等于他们没有好的净化系统，让我们喝了污水。

当了解了这一切，你可能会痛苦和遗憾，但请不要怨恨。我们已经长大成熟，我们的环境今非昔比，我们有能力、也应该可以去自我净化。

如果你在青春期十分叛逆，或者说你现在已经为人父母，孩子进入了叛逆期，这都不一定是坏事。父母过分强调认同家庭，容易让孩子唯唯诺诺，缺乏自己的意志。反叛其实是给了孩子一个重新建立真正自我的机会。

这些年来，总有些家长打电话来告诉我，说孩子小时候一直很乖，为什么上初中就那么叛逆了，很痛苦。我总会恭喜他们说，会叛逆是好事，孩子还有的救。有的家长听完后生气地挂掉了电话，他们不明白，对于太过认同父母也就是背负了太多原生家庭的压力的孩子来说，如果青春期不反叛，他就麻烦了。因为，他可能一辈子都无法形成独立的自我。

有一种认同很容易发生，也很容易影响彼此的关系，叫作投射性认同。所谓投射性认同，其实就是两个人产生了联结。一个人把自己觉得很好的、很值得欣赏的特质投射到对方身上，把对方当成这样的人去对待，对方就会接收到这份投射，然后真的变成这种人。

举例来说，一见钟情就是这样一种正向的投射性认同。罗密欧一见到朱丽叶就动心了，把自己心中的女神特质都投射给了朱丽叶。而朱丽叶接收到这种欣赏和爱慕，自然会展现出最美好的一面来回应。

情人眼里出西施，也是一种正向的投射性认同。

当然，也有负向的投射性认同，一个人把自己觉得不好的、不能接受的心理特质，比如"我很土气，没有吸引力"投射到别人身上，然后把对方当成这样的人去对待。结果，对方会接收到这份投射，感受到这份嫌弃，真的就变成了投射者认定的、很没有吸引力的样子。我们经常会看到"你既然认为我差，那我就差给你看"，然后真的变得很差的样子的人，这就是负向的投射性认同。

在两个人的关系中，如果对方总是小心翼翼，不断讨好你，你是觉得舒服还是不舒服呢？也许你会很开心，但更有可能，你会感觉不舒服，并不会因为他讨好你就喜欢他。这是因为，讨好者对应的是一个欺压者的形象，被讨好折射出的是不平等的关系。这令你不舒服，可是伸手不打笑脸人，你又无法表达，而且还觉得必须做点什么来帮他。他的讨好透露的信息是"你看我对你这么好，我什么都听你的，你不能离开我，你要帮助我"。这给你带来了压力。

你不妨感受和回忆一下，你和父母、恋人、伴侣之间，有没有一些认同或投射性认同呢？

有没有想过，你可能认同了父母不够好的东西？也有可能，你对父母的某些不认同，恰恰是因为没能包容他们对一些事物的认同？

有没有想过，你和家人之间的冲突，有可能是投射性认同在作怪？你生对方的气，是不是因为你把一些不好的东西投射到对方身上了？比如你自己特别痛恨拖拉，因此对方只要拖拉一点，你就把他的拖拉行为放大到不能接受的地步？

又或者，你有没有沉浸在一段感情中不能自拔，哪怕受到对方不尊重的对待？思考一下，你是不是把自己特别欣赏的一些特质投射到他身上了？而他实际上并没有这么好。

总之，认同有很多种，例如对舒适圈的认同，对某些价值观的认同，对人尤其是对家人的认同。我们在成长的过程中，既可能认同好的，也可能认同不好的，思考能力可以帮我们尽可能筛除掉不好的东西。此外，还有一种认同是投射性认同，它很容易令彼此之间的关系变得不真实，因此要特别留意。

产后抑郁：和幼年经历有关

虽说现在互联网很发达，很多信息都可以从网上查到，但似乎还是有很多人对产后抑郁不了解。目前来说，我们其实并没有一个明确的对产后抑郁的诊断标准，但它有几个主要的表现，分别是对自己身份的不认同，对身边的人失去耐心，对周遭环境感到愤怒，以及对孩子未来的成长感到严重焦虑等，严重者甚至有轻生的念头。

对于产后抑郁，我有一次很深的体会。

我有一个姑姑，她是我小时候一个很重要的照料者。在我4岁的时候，她结婚生子。在孩子即将满月的时候，她和婆家人发生了一次争吵，随后就自杀了。

那时候我还小，不清楚到底发生了什么，家里人也不愿意多谈这件事。直到后来我才知道，原来我姑姑是因为产后抑郁才自杀的。这件事对我是个非常大的创伤，导致我在很长一段时间里，不停地研究女性产后抑郁的内容。我希望能够挽救更多的人，让类似的事件不再发生。

产后抑郁的高发期一般出现在产后的三个月到六个月，第一次生产的产妇的患病比例达到了 23%，有一定的易感性。产后抑郁的产生，总结下来，主要有四个方面的原因。

1. 幼年的创伤性体验被激发

在生产过程中，产妇会体验到一种濒临死亡的感觉，而这种感觉会激发起她曾经的创伤性体验。所谓的创伤性体验，主要是指自己在幼年的时候没有被好好照顾。传统观念导致的性别期待会令一些女性的社会地位低于男性。因此一些妈妈在幼年时期是没能得到很好的对待的。

2. 对自己做妈妈不自信

幼年时期没能得到很好的对待造成的创伤体验，让一些女性的心里一直住着一个弱小无助的小孩。现在，这个小孩突然成了妈妈，这个转变会让这些产妇产生一种无力感，因为她突然要从被别人承载生命或自己承载自己生命的状态，转变为要去承载另一个生命的状态。

身为妈妈，需要有奉献精神，要把全部身心都奉献给孩子。特别是在产后的三个月内，基本上很多时候，妈妈都是没办法睡觉的。孩子所有的一切都需要依赖妈妈来完成，妈妈就会经常出现一种无力感。

3. 害怕失去身为女性的价值

有些女性的价值可能更多地来自工作，或者在家庭中的付出。

对一个经常照顾别人的人来说，在坐月子期间被照顾其实并不是一个很好的体验。在被照顾的过程中，身为女性的价值感可能是缺失的。

在坐月子期间，有些女性一下子成为家庭中最特别的人，获得了最独特的照顾，但这种被动夸大个人价值的感受，使她们不习惯。

4. 对妈妈身份的不认同

对妈妈身份的不认同，是指有的人在成长过程中可能会残留一种对妈妈的恨意。这种恨意往往会导致她往两个方向发展：一个方向是活得更像妈妈，另一个方向则是活成跟妈妈相反的样子。

我曾经有个产后抑郁的来访者，她说每次看到婆婆或者妈妈照顾孩子的方式她都很生气，觉得她们会把自己的孩子弄死，以至于她和婆婆、妈妈之间产生了非常大的冲突。但实际上，这是因为她还残留着对妈妈的恨。这种恨让她无法认同自己的妈妈，也无法认同妈妈的这个身份，更无法认同自己成为妈妈。同时，这种恨会让她产生一种纠结或矛盾的心理，既无法投入妈妈这个角色，又对自己的想法感到羞愧自责，不知道该如何去面对自己的孩子。

那么，应该如何对抗产后抑郁呢？

对抗产后抑郁，最重要的是需要产妇自己意识到，自己目前正处于这个情境中，知道自己抑郁是如何产生的，才能采取一些方法来解决。

1. 寻找支持性资源

你把外界的人都放在对立状态并对他们抱怨，往往意味着他们都不是你的支持性资源，相反是给你造成心理压力的人。所谓支持性资源，就是那些能让我们分享一些想法，甚至一些很私密的事的人。

比如，我有个来访者，她经常有个想法，就是想把自己的亲生孩子弄死。这致使她每次看到孩子都会很痛苦。她选择了跟丈夫真诚表达自己的感觉，说："有的时候，我很想把我们家的宝贝掐死。"

丈夫听到她的想法后，虽然有些吃惊，但也表示理解。他说："你怎么会有这个念头呢？但你有这个念头，证明你心里是真的很不舒服。"正是这种支持的力量，让她在那一刻彻底地放松下来了。

2. 打破生产获益的感觉

很多产妇在生产后会获得特殊照料，这会让她们产生一种获益的感觉。产妇有可能是因为以前没有得到很好的照顾但现在得到了，所以产生了一种报复性快感，也有可能是因为自己变成了一个发号施令的人，身边的人都围绕着自己转，从而产生了这种感觉。

这种感觉会导致家庭中原有的关系失衡，给家人带来很大的心理压力，自己也会因此承受一些压力，甚至还会导致家庭矛盾出现。这其实也属于一种退行的状态，产妇应该尽量去避免。

3. 肯定孩子提供的情绪价值

有些妈妈会认为自己是个牺牲者，需要牺牲自己来满足孩子的需要。但她们都忘了孩子的出生会给自己带来一些价值，比如，当你深情凝望孩子的时候，你的孩子也会深情地回望你。又或者说，当孩子趴在你身上，那股奶香、那温暖的体温，都能给你带来不一样的体验。这都是孩子提供给你的价值。如果你忽略了这种价值，只是单纯认为自己是个牺牲者的话，是无法从孩子身上得到相应的支持和反馈的。

4. 回应孩子的需要，并体验那种满足的感觉

回应孩子的需要，就是去学做一个好妈妈。在婴儿早期，婴儿可能需要我们马上满足他的所有需求，因为他需要我们的关注，这种积极的关注会给他带来一种很强烈的充实感。当你回应孩子的需要后，你还会获得一种特别强烈的价值体验。这种体验是非常不错的，甚至会让某些父母觉得自己的心都快要化掉了。但如果你忽略这种体验，只活在自己的世界里，那么你就失去了跟孩子互动共情的机会，也就无法学习如何真正地跟孩子接触，体验孩子的感受。

5. 必要时，寻求专业人士的帮助

产后抑郁是不能硬撑的，撑到最后的结果可能会更糟糕。有些人可能认为，只要有好转就没问题。但其实不是的，因为在抑郁的这段时间里，妈妈的状态会影响到孩子、整个家庭，甚至是与整个社会的关系。所以，这是一件很重要的事情，需要重视起来。

做妈妈确实是一件很伟大的事，除了牺牲，但也会有所收获。

因此，对抗产后抑郁，除了要体验自己的价值，还需要去体会孩子提供给自己的价值。只有强烈地感受到这些价值以后，产后抑郁的情况才会慢慢好转。

第三章

3

深入探究：
家庭角色的缺失与错位

爸爸的四个功能

在一个家庭里，有些爸爸虽然人在，却没有真正具备父亲的功能，父亲角色的缺失会对孩子的成长造成负面影响，无论是对男孩还是对女孩。比如，缺失父爱的女孩一生都在找爸爸，缺失父爱的男孩有可能成为妈宝男，或者事业上比较难取得真正的成功。

那么，身为父亲，有哪些主要的功能呢？

父亲的功能，第一是供养和护佑，也就是挣钱养家，保护家人；第二是规训，即能够给孩子建立规则，并让他们从中去适应和认同自然与社会规律；第三是传道，即把自己的价值观传递给孩子；第四是胜利，即爸爸给孩子树立一个强大的形象。

1. 供养和护佑功能

父母其实都可以发挥供养和护佑的功能，只是会有所区别。现在有一些家庭是爸爸妈妈同时挣钱养家，也有一些家庭，妈妈是全职主妇，供养的功能主要由爸爸来完成。

关于护佑功能，心理学家荣格提出过这样一个观点——妈妈的爱是指向融合的，而爸爸的爱是指向分离的。所谓融合，是说妈妈会把孩子留在身边；所谓分离，则是爸爸把孩子从妈妈的身边带出去，带孩子到家庭以外的关系里去体验各式各样的感觉，包括学习一些技能。

妈妈的护佑功能能让孩子感觉到，无论发生什么事妈妈都在身边。爸爸的护佑功能则能让孩子独立成长，完成分离，成为自己，而不是依附在父母身边的婴儿。

孩子在准备完成分离时，他的自我照顾能力需要达到一定的程度。他不仅要能照顾好自己的感受，他的社会功能还需要达到一定完整度。所谓社会功能就是，他要有一定的能力解决一些问题，建立起正常的社会关系。如果一个孩子无法完成与家庭的分离，那么他日后就有可能成为一个妈宝男，或者成为啃老族中的一员。因为他们无法走向外界，也无法完成社会化这个过程。

爸爸的护佑功能可以促进孩子完成分离，让孩子不再只以对错、黑白来看待这个世界，而能让孩子用一种整合的方式来思考问题。爸爸的护佑功能还能让孩子知道这个世界可能并不是完美的，是有瑕疵的，但这并不代表这个世界是不好的。除此之外，爸爸的护佑功能还能保护孩子的安全和成长。

2. 规训功能

我们在网络媒体上经常能看到关于熊孩子的新闻，例如在公交车上熊孩子踢打陌生人，陌生人一怒之下把孩子推在地上。舆论除了对陌生人的暴力行为加以指责，也不乏对熊孩子毫无规矩的批评。

父母需要给孩子建立规则。古语说：养不教，父之过。比起妈妈，爸爸更容易给孩子建立规则。因为爸爸的爱是指向分离的，他能让孩子进入到一个相对现实的、有规律的世界里。如果一个家里，爸爸有一定威严，孩子能够认可爸爸的话，那么就更容易让孩子形成一种规则意识。

美国前总统特朗普就是一个典型的例子。他在给予孩子充分自由的同时，也给每个孩子都定下了规则。他的大女儿伊万卡曾经在一个节目中透露过，特朗普每天早上都会跟他们四个兄弟姐妹说不要喝酒。这么多年来，他们没有人敢挑战爸爸立的这个规则，因为他们知道爸爸不轻易立规则，一旦设立了，那就是底线，不能逾越。

妈妈设立的规则相对比较容易打破，因为妈妈跟孩子之间往往是存在无条件的爱的，并且女性通常会更感性、更柔软，很难树立一个权威的形象。

举个例子，如果妈妈规定不让孩子喝酒，但由于孩子很久没跟妈妈见面了，很想和妈妈一起喝酒聊天，妈妈就很容易妥协，一边心疼孩子喝酒，一边又希望孩子能多喝几杯。在这种纠结的状态中，妈妈设立的规则是混乱的，它带给孩子的感受也是混乱的。

所以，爸爸比妈妈更适合制定规则。当然，在一些家庭里，当妈妈比较强势，或者爸爸没有权威的时候，妈妈可能需要承担更多的规训功能。

对孩子进行规训，并不只是要求孩子遵守规则，也包括让孩子形成规则意识，让他在面对一些问题时，可以在约定规则的前提下去解决问题。举个例子，我家孩子 7 岁的时候，我帮他组织了一场生日聚会，但在生日聚会的现场却出现了一个意外 —— 有个他不喜欢的小朋友不请自来了，他很不愿意让他参加自己的生日聚会，想让这个小朋友离开。他说因为这个小朋友平时总是欺负他的好朋友，还经常动手动脚。他的心里对这个小朋友是排斥的，甚至是怨恨的。

在这种情况下，我没有武断地要求他对客人友好，而是向他提议：不如你们用掰手腕来决定吧，谁赢了，就听谁的。后来我的孩子获胜了，但他没有让小朋友离开，而是和对方说，你可以来参加我的生日会，但我不会和你做朋友。

那个小朋友接受了这个结果，并没有生气，因为这个规则双方都是知情并同意的。这就是规则意识，是父母在完成规训功能的时候，要帮助孩子形成的一种意识。

3. 传道功能

所谓传道功能，就是爸爸要给孩子传递一种价值观，让孩子有教养，它主要包括三个方面的内容，一是对生命的敬畏，对世界的敬畏；二是对这个世界充满善意；三是遵守规则。

我们经常说，某个孩子很有教养。教养其实也是一种价值观，它指导孩子思考这件事值不值得去做，这样东西值不值得去争取，帮助他们培养一个良好的判断能力。

4.胜利功能

所谓胜利，就是一个有力量的爸爸容易被孩子认同，并成为孩子生命中的第一个榜样。

潘石屹谈起自己的爸爸时，总会说从小他的爸爸就教育他不要惹事，但也不要怕事。这就是一种爸爸的鼓励，让孩子能够在他的保护下去探险、去冒险。

在这种状态下成长的孩子，他们会更具备在规则中竞争获胜的能力。《爸爸去哪儿》里的小泡芙就是这样的。小泡芙每次遇到挑战的时候，爸爸刘畊宏都会给予她很多鼓励，然后协助她一起完成任务。

我们可以看到，很多孩子很自豪自己有一个当兵的爸爸，这样的爸爸在他们眼里是有力量的。他们会模仿爸爸打仗的样子，也希望自己能够成为勇敢的人，成为能够保护他人的人。这就是爸爸胜利功能的体现。

如果一个爸爸的功能在各方面都完整，那么他的孩子长大后，通常都会有完整且稳定的价值观，遵守规则，愿意在有序的竞争中去获得胜利。

如果有些妈妈觉得自己的丈夫不是个称职的爸爸，无法承担起孩子榜样的作用，或者丈夫因为其他原因缺席了，她可以通过一些方式来弥补这一缺陷。

例如，妈妈可以给孩子创造出一个强大的、爱孩子的爸爸的形象。有些父亲可能因为工作，经常不在家，无法跟孩子产生互动。即便如此，妈妈也要经常告诉孩子，爸爸是爱他的，并且爸爸是一个很强大的人，让孩子心里感受到自己是被爸爸保护、爱护着的，也可以让孩子建立起足够的自信。

此外，妈妈还可以找另外一个男性，把孩子的舅舅，或者孩子比较喜欢的男性，作为一个替代性的爸爸。很多孩子喜欢球星，或男明星，这其实是一件好事，为了更靠近这样成功的男性，孩子会朝着他们的方向发展。

如果你是一位父亲，要留意的是，即便你和妻子离婚了，你也是孩子的父亲，这个身份是你永远都无法摆脱的。你的一言一行，都会影响自己的孩子。因此，如果你真的爱你的孩子，你就要更多地去行使爸爸的功能。不管有多忙，或者和妻子关系有多么不好，都不能让你的孩子在缺失父爱的生活中长大。

角色缺位与混乱

家庭成员的角色缺位，指的是有些家庭成员的功能没有实现，比如爸爸缺席导致他在家庭中应有的功能没有实现。角色功能混乱指的是有的家庭成员扮演了本不应该是自己的角色，或身上被赋予了多重角色，就像妈妈同时扮演妈妈和爸爸的角色。这两种情况都会打破家庭平衡，让家里充满怨气，每个人都不舒服，有些人还很委屈，时间长了人们就会产生各种各样的心理问题。

之所以出现这种现象，原因有两个：

一是人类趋利避害的本性使得有些家庭成员不愿意承担责任。比如，贪玩的爸爸比较任性，不肯完成自己应该完成的事情；一些男人把事业看得比家庭重要，他们不肯花时间陪伴家人。

二是人的自我理想化使有些家长越位。那些想做完美父母的人，他们扮演多重角色，想把控孩子的一切。网上有很多父母辅导孩子做作业的视频，家长在教导过程中被孩子气得不行，有些还直接被气哭或气到进医院。明明做作业是孩子的责任，但父母却把这件事揽在自己身上，变成了老师，这就是因为他们在自我认同的过程中，陷入了理想化的状态里，认为自己能够做到，能完成其他角色的功能，但其实这是不合理的。

家庭成员角色缺位或功能混乱会带来哪些问题呢？

首先是边界不清，会带来各种冲突。人和人之间应该是有边界的，即便是家庭成员之间也是如此。因为每个人都是独立的个体，如果家庭成员角色乱了，你我不分，肯定就会发生冲突。比如，做功课是孩子的事，妈妈过度参与，就把做作业这件事变成了妈妈的责任。孩子要么就生气地觉得被侵犯边界了，要么就会觉得做作业不是他的事情。这两种情况都会带来消极的结果。

其次是不接纳自我。接纳自我指的是，我们需要去审视自己扮演的这个角色，它的功能是不是完整的，我们是否能做得更多，或者我们有什么是做不到的。比如当孩子问作业怎么做，而父母没有能力辅导时，有些人会选择向孩子承认自己做不到，需要大家一起努力，但有些人不愿意让孩子看出来自己没有这个能力，想在孩子面前扮演完美的父母角色，就会去欺骗孩子或朝孩子发脾气，这就是自我接纳出现了问题。"妈妈为什么焦虑"，就是因为她们想当理想妈妈，不接纳自我，所以变得越来越焦虑。

最后会产生不合理的期待。如果家庭成员角色混乱，孩子就要承担父母对自己超过自己角色的期待，妈妈还要同时扮演一个好爸爸，那么每个人对自己的期待和对家庭成员的期待都会变得不合理。这些不合理的期待就会带来伤害：妈妈会指责孩子不够懂事，同时也会觉得自己不够好，而孩子也会感到不堪重负。

那么，怎样才知道在自己的家庭中，家庭成员的角色是否缺位和功能是否混乱呢？

我们可以通过一个简单的方式来进行判断——彼此打分。比如到年底，一家人可以一起坐下来，开个小型的家庭会议，大家相互打分，看看这一年大家有没有扮演好自己的角色。就像我，我会经常问我的孩子："这段时间，你给爸爸打多少分？剩下的几分爸爸为什么没有得到？"通过这种方式你可以客观知道其他家庭成员对你的感受是如何的，他们对你的期望是怎样的。从中觉察到自己有没有缺席，或有没有越位，等等。

你一旦发现自己家中存在混乱的情形，就要去厘清各自的角色和责任。在家庭中应该扮演什么角色，这个问题需要从整个家庭的角度去思考，因为家庭成员之间是相互影响的。比如，孩子出了问题，有可能是父母之间的关系出了问题，所以，做父母的要去反思自己是不是扮演好了爸爸或妈妈的角色，是否扮演好了丈夫或妻子的角色，是不是让孩子承担了他不该承担的东西。

有一个很典型的现象。在咨询中，我会发现很多来访者一开始来咨询的只是孩子厌学、叛逆等问题，可是挖掘到后面，我会发现真正出问题的是父母，他们往往已经走到了离婚的边缘，有可能彼此之间充满厌恨。所以，孩子的这些问题不过是父母关系恶化导致的，孩子在潜意识里扮演了父母关系的黏合剂，把父母之间的冲突转移到自己身上，让自己去承担一些由他们引起的不良结果。

做父母的要扮演好自己的角色，像这种原本应是夫妻之间去解决的问题，就不应该让孩子去扮演一个协调者的角色，甚至"父母"的角色。

如果我们被要求完成过多的功能，就要学会从中脱离出来。比如，一个妈妈该怎样脱离自己对完美妈妈的期待，一个孩子该怎样避免成为父母关系恶化的替罪羊，一个凤凰男或扶弟魔要怎样才能从沉重的压力中解脱出来呢？

首先，我们要面对愧疚感和羞耻感。在脱离的过程中，我们可能需要面对两种感觉。第一种是愧疚感。就像父母吵架，如果我们不去劝架，内心可能会觉得很愧疚很痛苦，但这的确不应该由我们来替父母承担，因为这是他们的功课。第二种是羞耻感。如果我们拒绝扮演别人要求的角色，可能会引起别人对我们的责怪，而这种感受会让我们觉得很羞耻。

其次，我们需要学会拒绝。当这件事不应该由我们做，或这个责任不属于我们时，我们要回绝对方的要求。在这之前，我们需要明白，拒绝是每个人都有的权利，别人拒绝你，你也可以拒绝别人。就像一对夫妻，丈夫一直希望自己的妻子能够扮演妈妈的角色，但妻子并不想这么做，所以她可以拒绝丈夫的要求。虽然拒绝可能会引起家庭中人与人之间的一些冲突，但这些冲突是有建设性的，能帮助整个家庭的关系变得更好。

当我们做到这两点以后，我们也就可以剥离掉不应该自己来扮演的角色，做回原本的自己。然后，我们就可以跟父母、家人进行一次成年人之间的谈话。

我有一个 25 岁的来访者，他常年无法和父母好好沟通，这让他很苦恼。后来有一次他回到家后，决定跟父母好好谈一下这件事。在谈话的过程中，他跟父母一起建立了一个规则，就是当有人说话时，其他人不能打断。如果你强行打断了，对方有权力不让你发言。也正是这个规则，让他们能够把自己内心中的真实感受说出来，促进彼此之间的了解。

作为一个成年人，我们可以尝试摆脱幼年孩子的角色，跟家人进行一个平等沟通，重新去调整家庭中的关系使之达到平衡。告诉家人，这是我们自己的事情，我们可以自己处理。

缺席的父亲可能贪玩

我经常听到一些妈妈说，我现在养着两个儿子，一个大儿子，一个小儿子，大儿子就是孩子他爹。这句话听上去是在抱怨老公还要让自己照顾，但是，真的只是抱怨吗？有时候，妈妈也在享受这个过程。一个贪玩的丈夫，在被妻子抱怨的同时，也可能得到了妻子的支持。

我有一个来访者，她是两个孩子的妈妈。丈夫特别喜欢在外面吃喝玩乐，回家也不带孩子，偶尔和孩子一起玩，还会和孩子抢玩具，更多时候是看一眼孩子就躲进房间打游戏。这个来访者对丈夫很不满，但是当丈夫一边打游戏一边喊肚子饿的时候，她又会帮他订外卖、做饭。后来，她甚至会和丈夫一起打游戏，虽然自己明明很不喜欢。

这位父亲就是典型的贪玩的父亲。一个贪玩的父亲，他的父性功能是缺失的。当妻子希望他带一下孩子的时候，他的第一反应可能就是跑开。并且他有时候会特别情绪化，就像一个孩子，没有自我处理情绪的能力，一不顺心就发脾气，完全不顾及家人的感受，甚至会当着孩子的面和妻子吵架，给孩子的成长带来了伤害。

在与这位来访者的讨论中，我发现了一个很大的问题。

我问她："你的丈夫扮演孩子角色的时候，你在家庭中是什么样的角色？"

她说，公公婆婆会更加认可她，把家里很多重要的事情都交给她做，甚至对她的信任比对自己儿子更多。身边的人也都对她赞许有加，说她是一个很好的媳妇。

不难看出，丈夫变成孩子，这位妻子从而获得了一种自我成就带来的满足感。她认同了这个角色。尽管她对丈夫有所抱怨，但潜意识里又不愿意去改变现状。我们知道，只要一个男孩一直不长大，他就无法离开自己的妈妈。所以，一个长不大的男人身边，常常会有一个害怕丈夫变强大、强大之后会离开自己的妻子。在潜意识深处，她希望让丈夫停留在孩子的状态。

心理学上有一个非常有趣的现象，叫权力的投射性认同。简单解释就是，一个有权力的人会在无意识中不断告诉另外一个人：没有我你活不下去。在相处的过程中，这个有权力的人会为对方包办很多事情，让对方的能力越来越弱，直到最后对方也认同了"离开你我真的活不下去"，这个投射性认同就完成了。

回到上述案例中，丈夫的很多事情妻子都给包办了，丈夫想自己做的时候，妻子就指责他什么都做不好。到最后，丈夫就真的越来越无能，缺乏自信心，回避责任，也离不开这个妻子了。

因此，在这个问题上，妻子可能也需要进行自我觉察——如果你非常需要丈夫离不开你的那种感觉，深层次的原因也许是你害怕对方成长后就会离开，不爱你了。你允许他一直做一个孩子，这是你们共同完成的一件事情。

那么，当遇到长不大的男人时，妻子该怎么做呢？

第一，觉察到自己共谋的部分。可能在妻子的心里，她并没有真正地想让丈夫去做一个父亲。比如看到丈夫在笨手笨脚照顾孩子的时候，就会说"算了，你不要做了，让我来吧"，或者指责丈夫"你怎么这么笨，这个事情都做不好"。如果妻子这样说的话，丈夫就更加容易停留在孩子的状态。每一个人都是在很多次试错中去成长的，如果连试错的机会都不给他，他就可能会一直停滞在原本的状态里。

第二，懂得放手，让丈夫成长。我们常说，一个成功男人的背后一定有一个成功的女人。而一个成功的女人其实是懂得如何放手的女人。

有一位妻子，一直抱怨自己的丈夫像个大孩子一样。但是在丈夫带孩子或做一些事情的时候，她又忍不住去说他。后来我就提醒她说，既然你想让丈夫从男孩变成一个男人，那么有一些事情，你可以暂时不去管。

她听了之后，就尝试着向丈夫提出自己的诉求。比如家里东西坏了，她就让丈夫来修。丈夫一开始各种回避拖延，这个事情就放在那里，妻子也忍住不去推进它。后来丈夫终于忍无可忍地说："这个东西怎么还坏着？"妻子就说："你不来修，我不知道该怎么办，我希望你来修。"

几次三番过后，丈夫慢慢发现，妻子已经下定了决心，有些事情就是要让他做的，所以他就去做了。在做的过程中，他发现自己慢慢自信了，在家里的价值也更大了。妻子告诉他，以前觉得很孤单，现在你这样照顾我，我觉得就像是回到最初恋爱时那样。

在这个过程中，虽然妻子会失去一种"我可以无所不能"的体验，但却得到了一个照顾和爱护自己的丈夫。

第三，与丈夫保持清晰的边界。社会上有种说法叫守寡式婚姻：丈夫虽然每天在家，却变成了妻子的累赘；妻子不光要照顾孩子，还要照顾丈夫，这其实是一种病态情形。在这种情形下，妻子更需要有意识地跟自己的丈夫保持一种边界：我是一个女人，你是一个男人；而不是我是你的母亲，你是不懂事的孩子。

如果丈夫是一个长不大的孩子，身为妻子又可以怎么帮助他呢？

第一，给他一些成长的压力。人性本身是懒惰的，是渴望被别人照顾的，但是每一次成长都避不开一些痛苦。一个男孩要成为男人，他必须在成长的路上承受一些压力。比如有些男孩在父亲去世之后一夜之间就长大了，这是因为生活给了他磨难和压力，让他必须去成为一个大人。

第二，在现实的互动中让丈夫逐渐接受角色的转变。只有让他亲自去做，而不只是给他说理，他才有机会花更多心思在这个事情上。不然他一直逃避，就永远无法成为一个父亲了。

第三，相信孩子与丈夫之间的天然属性。父子的情感联结是天然的，不用担心男人照顾不好孩子。每一个男人心中都有成为父亲的愿望，比如有些男人有了孩子之后很激动，甚至会哭着说，好高兴，我终于成为父亲了。这是能够让他体会到成就的事情，我们应该去成全他。

具体来说，妻子要如何给丈夫制造一些压力呢？又怎么让他在现实互动中接受父亲的角色呢？

有一位妻子做得特别好。当她发现自己丈夫总是逃避家庭责任的时候，她就故意制造一些机会，让孩子能够和丈夫待在一起。在这个过程中，丈夫就不能只是一个玩伴，他必须要承担监护人、保护者的责任。后来有一天妻子回到家，发现孩子摔跤了，孩子自己没有觉得很疼，丈夫却感到很愧疚，向妻子道歉。在这个过程中，丈夫逐渐理解了带孩子的辛苦，并且在他充当监护人、保护者的过程中，自然而然地接受和承担了父亲的角色。

谁痛苦谁改变。这句话很适用于夫妻之间。如果你意识到这个问题很严重，你感觉到很痛苦的话，那么就去做一些改变吧。你会惊喜地发现，对方也会跟着转变。就像两个人博弈，自己松手，对方的姿势也一定会跟着做出调整。

缺失父爱的女孩，一生都在找爸爸

在一次关于家庭的演讲中，我对在场的 200 位妈妈和仅有的几位爸爸说，我想开发一个软件，叫"共享爸爸"。现场几乎所有妈妈都站起来热烈鼓掌，大喊"我们太需要了"，而那几位爸爸则很尴尬。

为什么"共享爸爸"如此受欢迎？因为大部分父亲在中国家庭中常处于缺席的状态。缺席并不是说他们真的不存在，而是指他们没有实现父亲应有的功能。

父亲的缺席通常会给子女造成很多心理问题。接下来我主要讲讲父爱对女儿的重要性。

1. 父亲对女儿的两性关系与自信心有强大的影响

国外一家心理研究所的调查显示，从 0—24 岁，女性越被父亲肯定、宠爱，长大后处理两性问题的能力越强，更有安全感和自信心。相反，如果父亲对女儿疏远、忽视，就会使女儿缺乏安全感，处理两性问题的能力很弱。

针对女性的调查也显示，有 40% 的女性认为与异性交往的能力是和父亲有关的。如果说母女之间的亲密关系带给她们的是满足的体验和足够的情感支持，那么父女之间的亲密关系则使女孩初步懂得怎样与异性相处，以及如何维持与异性间的关系。

父亲对女儿的爱不仅影响着她的两性关系，也影响着她的自信心和事业成就。美国密歇根大学曾做过一项关于父亲教育对于女儿影响的调查，结果显示：63% 的女孩因为在童年时得到父亲的关爱，长大后遇到挫折时心理自愈能力更强；69% 的女孩认为，自己的自信心更多来自父亲的赞扬与鼓励。

2. 你找另一半的过程，实际上也是在追寻理想中的爸爸

我曾经有一位女性来访者，她很困惑，为什么在两性关系中她永远是被抛弃的那个。

我发现，她建立的两性关系模式是很特别的。她先是通过表现自己的性感来吸引异性，接着再通过性关系拉近与对方的距离。她想吸引的男性，都是年龄偏大、有稳定婚姻的人，这也就导致她总是在有意识或无意识间成了别人的第三者。而且，在两性关系中，她总是渴望从对方身上获得很多，甚至想介入到对方的家庭中，但每次最终的结果都是对方选择离她而去。

她不懂为什么她那么努力去讨好对方，换来的结果都是被抛弃。其实，这是个很浅显的道理，对方本来就不是负责任的男人，而她这种建立关系的方式又是不正常的。

她为什么会跟异性建立这种关系，一直深陷其中走不出来呢？在咨询中，我发现，她是一个缺少足够父爱的女孩，因此一直在异性身上寻找爸爸的影子，她不仅仅是在异性身上寻找没有得到过的爸爸的爱，也想对异性表达自己对爸爸没有表达出的爱。

小时候，她恨爸爸的同时又觉得爸爸很可怜。在她的家庭关系中，妈妈处于比较强势的地位，可以说，她和爸爸一直在被她妈妈控制。妈妈控制她、打骂她的时候，爸爸没有能力保护她、帮助她。但她爸爸也会跟她解释说，是因为你的妈妈，我才无法跟你亲近。

这就导致她心里总有一种想法，如果不是我妈妈的话，我爸爸肯定能和我亲近。所以看到爸爸被妈妈欺负的时候，她心里总是为爸爸抱不平。但由于妈妈的存在，她一直无法表达出这种情感。当她长大后，遇到被妻子或女朋友欺负，或者说在婚姻关系中不开心的男人时，她总是很自然地被他们吸引，希望自己能成为帮助他们、给他们快乐的人。

当然，这个案例或许比较极端，但你是不是也有过一些瞬间，看到某个男人有一段不快乐的婚姻，就产生莫名的同情呢？在你的家里，父亲是一个怎样的存在呢？

为什么很多相亲帖或征婚广告里面的女生会倾向于找年龄偏大、性格成熟，能够提供足够的安全感，懂得宠人和照顾人的男性呢？因为这样的男人具备一个父亲的形象。

台湾一对"爷孙恋"的主角是 57 岁的台湾音乐人李坤城和17 岁的林靖恩。很多人都很疑惑林靖恩为什么会选择一个年龄这么大的男性作为自己的男朋友。我们可以回顾一下林靖恩的童年，她从小父母离异，由奶奶带大，爸爸经常不在家，所以家庭中的爸爸角色是缺失的，而且彼此之间的关系是冷漠的。她爸爸喝了酒后，还会打她骂她，妈妈也不管她。慢慢地，她就渴望能有一个人给予她像爸爸一样的疼爱，给她依靠，成为她的经济支柱，而李坤城的出现，正好满足了她所有需求——拥有一个理想中的爸爸。

电影《这个杀手不太冷》里，也有萝莉爱大叔的剧情——十几岁的小女孩马迪尔喜欢上一个四十多岁的冷血杀手。她之所以爱上这个杀手，就是因为这个杀手能给她安全感，让她不再害怕被人追杀，并且在跟杀手的互动中，她发现自己的笑容能给杀手带去快乐，自己是有价值的。

这种关系实际上是不对等的。因为亲密关系，特别是伴侣关系，更多的是两个成年人间的关系，如果你只想做一个被疼爱的女儿，那么你是无法满足对方作为男性对一个女性的需求的。总有一天，你的另一半会去找其他女人。

就像《被嫌弃的松子的一生》中的松子，她一直努力去取悦自己的父亲，让自己的父亲开心。只有父亲开心了，她才感觉自己是一个有价值的人。长大后，这种取悦别人的性格让松子在两性关系中处处碰壁，在一个个"渣男"身边努力维系着关系，但结果却什么都没得到，连一份真正的爱情都不曾拥有。

总之，父亲的缺席只会导致女儿一生都在找爸爸，无论女儿是找一个跟爸爸完全相反的另一半，还是寻找一个跟爸爸类似的另一半，本质上，都是渴望再次得到父爱。

3. 性别身份认同感、安全感以及和异性关系塑造，只有父亲能给

为什么父亲对女儿的爱会这么重要呢？

首先，父亲对女儿的爱是深沉的，能带给女儿安全感。

当父亲把女儿抱在怀里，或者举高高，对着女儿笑的时候，女儿会在父亲眼中看到一个特别可爱的自己。她能感受到父亲提供给她一种保护和力量感，而这种力量感能给她营造一种安全、稳定的感觉，不同于母亲那种温柔的爱。

其次，父亲能让女儿建立起对自己性别的认同感。

我们经常会听到有人说："女儿是爸爸上辈子的情人。"这意味着，父亲跟女儿之间的亲密感是很独特的。父亲是女儿生命中第一个男性形象。当女孩成长到四五岁时，性意识开始萌芽，如果在这个时候，她能够被一个异性接纳，那么她就会认同自己作为女性的形象。

最后，还有一种相处模式是女儿只有在和父亲的相处过程中才能学会的，那就是如何跟异性相处，以及如何维持与异性的关系。

性别身份认同感、安全感以及未来和异性的关系这三个方面都是只有父亲才能够给予的。

因此，在成长过程中，女性如果缺少了父亲的参与，或者跟父亲的亲密度不够，她的一生都将会受到很大的影响。

4. 如何弥补父亲缺席所造成的负面影响

在我们成长过程中，缺乏父亲的参与或是与父亲的亲密度不够，从而导致自己与异性的相处出现问题时，可以尝试从这几方面去改变。

首先，我们需要建立过去和现在的清晰边界。以往我们得不到父亲的陪伴，或者感觉不到父亲对我们的爱，但这并不影响我们获得别的异性的爱。我们不能产生一个认知偏差——觉得父亲不爱我，别的男人就不会爱我。

其次，我们需要承认，我们无法找回失去的父爱。如果我们一直执着于找回失去的父爱，这会导致我们与其他异性的相处出现比较混乱的情况，因为这其实是一种刻舟求剑的方式。

最后，当我们发现自己好像把另一半当成自己想象中的父亲时，我们要重新审视自己的亲密关系，把一些不合理的期待切断，让自己不再处于一个类似"不爱女儿的父亲和渴望爱的女儿"的关系中。

总之，我们在亲密关系中要找的不是缺失的父爱，而是另一半。

缺失父爱的男孩，一生充满无力感

很多人对富二代表示羡慕。但根据我的观察，身为富二代未必是福，很多富二代男孩子都可能无法成长为真正的男人。

首先，很多富二代的父辈是非常辛苦的，通过原始积累取得了成功。但在这个过程中，他们缺席了孩子的成长，没有足够的时间和精力去陪伴孩子，跟孩子的关系很疏远。与此同时，由于常常无法陪伴孩子，又过度满足他们的物质需要，这就导致孩子长大后缺乏规则意识。他们虽然是成功者，却没精力、没时间去培养孩子，教孩子很多技能，以至于孩子长大后，有些方面的能力会比较弱。

其次，他们自己是成功者，一贯要求高，反而很难去肯定自己孩子的优点，容易造成孩子的自信心不足。当孩子发现自己总是无法超越父亲的时候，可能会破罐子破摔——反正我怎么做也得不到你的认同，那我就自暴自弃，让你难过。这也是激发父亲关注的手段。

我接触过很多富二代，他们最讨厌的就是别人称他："×××的孩子"。相反，他们希望的是父亲能够说"我是×××的父亲"，因为他们渴望得到认同。

当然，富二代、穷二代都是一些模糊的集合性称呼，具体到每个家庭来说，孩子的成长环境都是千差万别的。我想说的是，不管是富二代还是穷二代的男孩子，如果成长的环境中缺少了父爱，都是无法真正长大的。

为什么会这样呢？

第一，他们往往会对自己的父亲有一种恨意，同时也失去了在成长过程中的最重要的榜样，容易一直停留在男孩的状态。

第二，由于缺少了父亲的规则约束，他们的内心反而会有一种"老子天下第一"的想法，看不起别人、也不会对别人有敬畏心。

第三，由于父爱缺失，孩子会在心中创造一个"理想的父亲"。但当他无法按照希望的方式得到理想的父亲时，他会陷入沮丧的情绪中，无法脱离。

按照精神分析的说法，每一个男孩子都需要踩着父亲的肩膀长大。我有一个个案，一个19岁的男孩很有运动天赋，把自己练得壮壮的。他的父亲是一家上市公司的财务总监，有自己的投资公司，在事业上非常成功。这个男孩在学习上的表现似乎一直没办法得到父亲的认同。同样，对于父亲在事业上的成就，这个男孩子也不认同。他和父亲之间的关系出了很大问题：他对父亲一直采取一种回避的态度，父亲要他做什么，他总是很愤怒地来回应，对自己的事情也不是很负责任。父亲觉得自己很多优秀的品质没有传递到孩子身上，对儿子很失望。

我问这位父亲："你儿子有什么事情是他一直坚持做的？"

父亲说："他这段时间老是来找我摔跤，但是我觉得没有必要，因为孩子怎么可以这个样子。"

我说："也许你的孩子也想变得像你一样优秀，你需要给他一个机会超越你。"

这位父亲说："如果我跟他摔跤，他每天健身，很壮，我摔不过他，其实我是有点害怕的。"

最后，我说道："一个男孩子需要踩着父亲的'尸体'才能长大，你要给他机会。"

结果，两个人真的去找了一个拳击台，在有裁判的情况下，摔了一场跤。之后，父亲很惊喜地跟我说，孩子对待他的方式忽然之间发生了改变。

我问："谁赢了？"

他说："当然是我儿子赢了，但是当我被他摔倒的那一刻，他第一次走过来把我扶起来，然后向我道歉说，'老爸，我可能用力过猛了'。说这话的时候，他是真的在担心我、脸上带着安慰我的表情，但看得出他是欣喜的。"

我说："你的孩子真的长大了，他会感激你给了他这样的一个机会。"

我曾经说过，在我们的传统文化中，"父亲"是永远无法被超越的。人如果想要超越自己的父亲，是不被允许的。父亲看着自己的儿子，虽然希望他能够有很大的成就，但是看到儿子超越自己的那一刻，很少有不会感到失落或者不会有挫败感的。

因此，很多父亲在这样的父权文化中，就形成了一种自恋的感觉，即"儿子怎么样都不能超过老子，就像儿子不能打老子一样"。那么在这种情形下，很多男孩子想要超越父亲的愿望就会被压抑。这种压抑会让他到了青春期想要成为自己的时候，找不到方向。

那个 19 岁男孩，他想和自己的父亲摔跤，从精神上来说，是希望能够把自己的父亲打败，这样他才能够意识到自己的强大。

那么，父亲要怎么做，才是正确的呢？

首先，父爱就是对孩子的接纳、肯定、允许和爱护，包括契约、承诺，以及对孩子身份的赋予。很多父亲把自己的孩子举过头顶，这对孩子来说是一种身份的赋予，意味着"你是我的孩子"。同时，在这个过程中，父亲可以给予孩子一种安全感，我们称之为"震颤时刻"。

当父亲把自己的孩子举过头顶，赋予他身份的同时，孩子也体验到了一种感觉，就是"我感觉很危险、很害怕"。但当他看到自己的父亲在下面笑容满面、牢牢接住他的那一刻，他的危险感就解除了。如果一个孩子能和父亲经常在游戏中体验这种感觉的话，他就能得到更多来自父亲的安全感。这种来自父亲的安全感，也是父爱给予的一个内容，我们可以称之为赋能。

其次，作为父亲，要创造很多机会让孩子去学习。在游戏互动中，给孩子传递你自己的价值观。言传不如身教，我们看到社会上现在有很多的熊孩子，经常突破规则，这其实就是他们处在一种无所不能的想象中，破坏规则变成了他一生的愿望。这时候，父亲有可能很严厉，对孩子非打即骂。可是父亲自己在这方面也做不好，孩子内心可能永远有一句话：你都做得那么糟糕，我凭什么要臣服于你，或者说听你的？

另外，做父亲的虽然很少像母亲那样跟孩子亲昵，但可以通过摸摸头、拍拍肩、拥抱一下来表达对自己儿子的爱意。或者是，用言语去夸奖儿子，比如对儿子说"你不错"等等，这些表达对孩子而言是一种非常好的肯定。

最后，我们要意识到一点：也许你并不是一个世俗意义上非常成功的父亲，但这并不会让你的父爱缺失。当你能够在与孩子交流时接纳、肯定并且去爱护他的那时候，在孩子的心里你就是一个好父亲。

成年后，与缺席的父亲分离

在家庭中，爸爸应该做爸爸，妈妈应该做妈妈，孩子只能做孩子。角色如果乱了，就容易出现各种问题。

生活中我们有时会看到一些非常漂亮的女孩，偏偏容易吸引一些渣男。如果进一步了解的话，就会发现这其实多半和女孩的原生家庭，尤其是和女孩的父亲有关。爸爸如果没有在女儿小的时候给予女儿足够的关注和爱，就容易让女儿无法得到足够的安全感，女儿的情感需求无法被满足，自我价值感就会很低。长大后，一旦有人关注她，她就会觉得对方很好，甚至会为了讨好对方、不被对方抛弃而不惜改变自己。

特别是对那些从小父母离异，很少能看到爸爸的女孩来说，父亲角色的缺失会给她们带来很多不好的体验，从而导致她们总是用带有攻击性的或较为直接的方式去解决问题。因为她们感到很无助，而愤怒的攻击方式能给她们带来力量。

爸爸的态度会影响女儿的自我价值感。我有个女性朋友就是这样，她长得很漂亮，工作很好，收入也很高，是很多人眼里的女神。尽管很多人都认同她是只"白天鹅"，但在心里，她一直觉得自己是只"丑小鸭"，觉得自己很差，自我价值感很低。一旦有人对她献殷勤或满足了她很多的期待，能容忍她的小脾气时，她就马上投入对方的怀抱中。她无法跟优秀的男性建立亲密关系，因为她觉得自己配不上对方。她的几任男朋友，经济条件或其他方面都不如她。

她之所以自我价值感如此低，是因为她的出生是不被爸爸期待的。爸爸一直想要一个男孩，所以当他知道第二胎又是一个女孩后，他的反应就是"唉，怎么又是一个女孩"。爸爸这样的情绪让我的朋友觉得自己是一个不受欢迎的人。

因此，在与男生交往的过程中，她会经常给男朋友买很贵的奢侈品，也会在朋友圈秀恩爱，把男朋友的形象打造得像盖世英雄一样，以此来满足自己的虚荣心 —— 自己找到了一个很优秀很疼自己的男人。

后来，她的男朋友拿着她的钱去跟别人开房，她发现了很多次，但每次都因为男朋友道歉而选择原谅。她不想让身边的人知道自己的痛苦，也不愿意承认其实自己的男朋友很差劲。

但假的永远是假的，她的男朋友也不可能从一个渣男变成暖男。她终于无法忍受这种被欺骗的感觉选择了轻生。

看到这里，如果你是一位父亲，会不会有一些触动呢？

我曾经在一次演讲中对现场的爸爸们说："你们有没有女儿？如果有女儿的话，请好好宠爱她们到 18 岁。只有这样，你女儿的下半生才会相对比较幸福。"很多爸爸都很疑惑，他们问我为什么。答案非常简单，女孩只有实实在在地体验过被爱、被宠，尤其是被爸爸宠爱的感觉后，才能拥有比较高的自我价值感，才能在平等的状态中建立亲密关系，才不会为了被爱的体验卑微地活着。

心理学家莎伦·兰姆（Sharon Lamb）提出过一个观点：只有满足了这样三个维度的爸爸才是好爸爸，才能带给女儿被爱的体验。

第一个维度是投入。爸爸需要投入时间去陪伴女儿，并且这种陪伴必须是专心的，而不是心不在焉的。只有这样，女儿心中才会有一种"原来我比其他事情都重要"的感觉。

我们会发现很多成年女性，当她们被另一半以忙的理由拒绝时，她们内心很容易会有委屈的感觉，觉得自己被忽视了。事实上另一半真的很忙。其实这跟童年时代爸爸陪伴的时间不够多，并且陪伴的时候不够专心，是有关系的。

第二个维度是可亲近的。亲近是一种彼此长时间互动产生的感觉，意味着彼此之间有共同的话题或有共同的目标。就像小时候爸爸给女儿讲睡前故事，那个场景一定非常温馨，女儿也可以从中体验到一种亲密的感觉。

第三个维度是尽到自己的责任。爸爸尽到自己的责任，女儿将来婚嫁的人，也会是像爸爸这样在亲密关系里看重忠诚或契约精神的人。

那么，如果你是一个从小没有得到足够的爱，很容易遇到渣男的女孩，应该怎样去思考问题做出改变呢？

我的第一个建议是，不要因为渴望被接纳而失去底线。无论你多么渴望被接纳，都不能用卑微或讨好的方式去与对方相处。学会判断，他是真的完全接纳你、爱你，还是说这只是你单方面的想象。

第二个建议是，不要放大对方任何举动的含义。就像我那位女性朋友一样，小时候很少收到爸爸的礼物，唯一一次是收到了一个文具盒，这让她开心了好多天，以至于长大后每当她收到男朋友送的礼物时，都会觉得特别感动，从而把对方送礼物的含义放大了，其实情侣之间送礼物是一件很平常的事。

第三个建议是，请跟你的爸爸进行一次深入的对话。你需要把内心的委屈向爸爸表达出来，告诉他当时被他这样对待的时候自己内心感受是什么，当你看到爸爸"嫌弃"自己的时候内心的感觉又是什么。

第四个建议是，你需要接受过去，并做出一个选择。或许过去的经历让你很痛苦，但你现在可以重新做出选择。你可以选择原谅自己的爸爸，你也可以选择用一种新的方式或态度去生活，你不需要再受到过去经历的影响。只有当你真正做到这几点的时候，你才能放下以往对爸爸的不满或恨意，过自己的生活。

当你做到这四点后，你才能真正跟爸爸完成分离，才不会继续带着怨恨，把自己活成一个受害者的形象，也不需要再去寻找一个盖世英雄，或者把一个无能的人在头脑中假想为一个盖世英雄。你可以去找一个适合你的男人，真正地用心去交流，而不是为了向别人展示自己有多幸福而制造各种假象。

单亲妈妈：扮演还是创造一个好爸爸？

电影《我是你妈》讲了单亲妈妈秦美丽和女儿的生活日常。虽然说是单亲妈妈，但秦美丽扮演的角色更像是一位爸爸。

单亲妈妈，不仅需要独自面对生活方面的问题，还要承受孩子教育方面的压力。单亲妈妈扮演爸爸的角色，常常是为了让孩子得到更好的成长，但这并不是最好的方式。单亲妈妈扮演一个好爸爸，容易造成三方面的问题。

1. 容易把自己爸爸的行为模式复制到孩子身上

单亲妈妈在扮演好爸爸的过程中，好爸爸这个角色所有的一切都是通过她的想象赋予孩子的，都不是真实的，并且这种想象可能延续了对自己爸爸的理解和印象。这种情况会激发起妈妈对自己爸爸的认知，包括彼此相处时的一些情节或情绪感受，并按照自己爸爸对待自己的方式去扮演孩子的爸爸，也把自己对爸爸的情感转移到了孩子的身上。如果自己的爸爸有很多不好的行为模式呢？那么她也很可能会复制这些不好的行为模式。

2. 可能会处于以为自己无所不能的状态里

目前中国家庭存在着很多的"丧偶式教育"。所谓丧偶式教育，就是明明这个家是有爸爸的，但他却仿佛不存在，是缺席的。因此很多时候，只能由妈妈接过爸爸对孩子的教育。

但妈妈毕竟是妈妈，她不能代替爸爸的所有功能。

我发过一条微博，说妈妈教给孩子的是生活，爸爸教给孩子的是生存。当时就有个妈妈在微博下面评论说：这根本不对，爸爸妈妈的功能我都可以做到。看到评论的那一刻，我无言以对了。

这位妈妈其实是处于一种觉得自己无所不能的状态里。但这是不可能的，这只是一种幻觉。这种幻觉只会带给孩子毁灭性的感受。

3. 容易把对丈夫的一些负面情绪发泄到孩子身上

有些单亲妈妈在教育和培养孩子的过程中，会跟前夫产生一种竞争关系，竞争谁是更好的"爸爸"，证明"没有你，我一样可以把孩子教得好"。她们没能很好地处理自己对前夫的愤怒和不满，于是会在教育和培养孩子的过程中向孩子释放恨意，比如"你不要学你的爸爸，你爸爸很坏，很差，你学我就好了"。

这样的教育方式会让孩子在成长过程中出现严重的问题。前面说过，由于孩子对父母的忠诚，妈妈的这种对爸爸的攻击，会让孩子内心产生痛苦的冲突，而且还破坏了爸爸原本可以起到的榜样作用，使孩子无法感受爸爸特有的那种强大的力量。从某种意义上说，妈妈无疑抹杀了孩子心目中的父亲形象。

单亲妈妈需要认识到自己的局限性，认识到自己并不是无所不能的，而是有许多做不到的事情，无法完全替代"爸爸"这个角色的所有功能。承认这一点很重要。

单亲妈妈也许在扮演好爸爸的过程中会感动自己，但这并不是一种好的教育方式，而且会让孩子产生愧疚。因为孩子在爱着妈妈的同时，也会担心妈妈、同情妈妈。如果一个妈妈需要自己孩子同情，那么对于孩子来说，这就是件很可悲的事情，意味着他不仅失去了爸爸，也失去了妈妈。

同时，单亲妈妈还要明白一点，尽管前夫可能不是个好丈夫，但他有可能是个好爸爸。如果他能和孩子相处融洽，带给孩子很多好的影响，孩子也是喜欢他的，那么就不要去干预他们之间互动。

父亲的价值，不在于权威，而在于给孩子传递力量。

电影《摔跤吧爸爸》里，女儿吉塔最后能够成为冠军，跟父亲赋予她的力量是分不开的。在爸爸坚强而有力的承托下，这个一度看上去毫无力量的、迷失自我的女孩重新找回了自己，为自己而战，为印度而战。她的成功是她自己能量的迸发，但是如果没有爸爸给她力量，她不可能拥有这么强大的力量去坚持，实现梦想。

电影里有一句很经典的台词，是爸爸对女儿说的："记住，爸爸不能时刻保护你，爸爸只教你如何战斗，你要战胜自己的恐惧！有时候，不是爸爸的方法过时了，而是爸爸老了。爸爸这样做是为让你获得自由，以后可以主宰自己的人生。"

因此，单亲妈妈与其扮演一个好爸爸，不如创造一个好爸爸。创造一个好爸爸对孩子的成长往往更有利。在很多爸爸缺席的家庭里，孩子时常会想找自己的爸爸。寻找爸爸，有点像寻找身份认同的感觉。妈妈给孩子的是一个世界，而爸爸给孩子的是一个身份。

这样做能带给孩子三方面的好处。

首先，创造好爸爸的形象可以给予孩子足够的勇气去面对这个世界。当孩子遇到危险，或者面临一些困难没有勇气去克服时，妈妈可以跟他说："你的爸爸是很强大的，我相信如果他也在，肯定会无条件支持你，所以放手去试一次吧，不要过于害怕，爸爸会一直在你身边。"要让孩子知道，爸爸会和他一起去征服这个世界。只有这样，孩子才会无论在任何地方都记得爸爸带给他的勇气和保护。

其次，可以给孩子起到榜样作用。因为一旦父亲缺失，孩子找不到认同的对象，性格就容易软弱。所以如果家中有相对不错的男性或者同学的爸爸，可以让孩子多多接触他们，感受类似爸爸的男性力量。这种男性力量会让孩子体会到安全感和力量感，他就会以此为榜样，做一个自信的人。

最后，也是最重要的一点，这样做能给孩子建立规则感，让他更好地适应世界的运行规律。有时候，在新的环境里，孩子可能不会像在家里那样遵守规则，反而到处搞破坏，捣乱。这是因为他身边或内心没有一个权威形象存在，他也就感觉不到规则的束缚。创造一个强大、有权威的父亲形象可以帮助孩子建立规则意识。这就有点像在社会上，权威人士说的话普通人是更愿意接受的。如果这个人不能让我们佩服，那么他说的话我们可能也不会去重视。所以，只有当孩子内心深处存在一个强大的好爸爸形象，他才会把规则感内化，遵循世界的运行规律。

如果是在爸爸去世的家庭里，孩子没有一个现实存在的爸爸，那么就更加需要家人给他们创造一个有力量的父亲角色。

总而言之，扮演一个好爸爸和创造一个好爸爸，对孩子成长的影响是截然不同的。无论是父母离异还是父亲去世，作为单亲妈妈，给孩子创造一个好爸爸形象，会让孩子感到更加安全，更有自信，更有自我，进而能更好地去成为自己，发展自己。

做足够好的妈妈，不做理想型妈妈

英国精神分析学家温尼科特说过，世界上不存在理想型妈妈，成为一个足够好的妈妈就可以了。

在《妈妈是超人》的节目中，伊能静表现得就像是一位理想型的妈妈。她把小米粒的一切事情都亲力亲为做好了，生怕孩子受到一点伤害，恨不得把全世界都给孩子。

既然不存在理想型妈妈，为什么还有一些妈妈执着于成为理想型妈妈呢？原因主要有三个。

第一，母爱的本能会让妈妈觉得孩子很脆弱，很幼小。

很多人看到比较年幼的宝宝时，内心都会产生一种母爱泛滥的感觉，这是一种本能，妈妈更是如此。某些妈妈在看到自己的孩子需要帮助时，就会按照她的想象过度照顾孩子。比如孩子一闹，她马上就紧张起来。这种紧张体现出一种焦虑：对自己能否做好这件事的焦虑、对未来可能发生的事情的焦虑和对孩子是否会面临危险的焦虑。

第二，焦虑是会遗传的。妈妈曾经被其父母对待的方式会变成如今她对待孩子的方式。

有些焦虑的妈妈之所以想成为理想型妈妈，是因为她们的父母也很焦虑。由于从小父母就在她们面前表现得过分谨慎，她们长大后也就把世界看成是危险的。在焦虑妈妈的心里，她会把孩子看成另一个自己，又或者说把孩子当成幼年时期的自己，然后按照父母对待自己的方式去无微不至地照顾孩子，把所有东西都准备好给孩子，避免他受到任何伤害。

第三，害怕犯错，被他人否定，失去价值。

很多人小时候都曾被教育过，如果想成为一个好孩子，我们就必须要听话，每个方面都要做到最好。伴随这样的认同长大的我们，在成年后的人际关系中会讨好他人、指责自己，容不得自己犯任何小错误，会因为一丁点瑕疵全盘否定自己。这种情形下的妈妈更想去做一个完美的妈妈。因为她们认为，只有把孩子照顾好了，被人称赞了，自己才能获得相对应的价值。

因为各种各样的焦虑，理想型妈妈通常都想去掌控一切。她们会试图主导或包办孩子的一切，但这样往往会让她们忽视孩子真正的需求和感受。当孩子不受掌控的时候，比如不听话，到处闯祸，妈妈就会变得非常焦虑。

她们会用一些威胁的方式来对待自己的孩子，例如对孩子说"你再这样的话，我就不理你了""你再这样的话，妈妈就走了"。孩子会因为害怕妈妈的离开，而选择听从自己的妈妈。

很多时候，我们会发现一个焦虑的或理想型妈妈，她们的掌控欲是非常强的，强到根本不会去顾及孩子的需要，包括孩子冷暖饥饱的问题，有些妈妈到孩子二十几岁时，还会去管孩子这些问题。难道这些妈妈不知道孩子自己能感受到冷暖吗？她们知道，她们只是为了通过掌控一切来缓解自己内心的焦虑，以致忽略了孩子的全部感受。

焦虑的妈妈，在自己感到无助时，更要掌控他人，从掌控中获得安全感，因此凡事都要亲力亲为，不假手于人，即使那个人是自己的丈夫。可这样做也等于亲手推开孩子的爸爸，会导致家庭关系紧张，甚至引发激烈的冲突。

一个真正合格的妈妈，其实是一个 60 分的妈妈。因为这样的妈妈，不仅可以满足孩子最基本的需求，同时还能够积极回应自己的孩子。而且，这样的妈妈也会承认自己有些事情是做不到的，妈妈并非无所不能的。

要成为一个 60 分的合格妈妈，首先需要学会放手。所谓放手，就是在照顾孩子的过程中，妈妈不再以照顾孩子来完成理想妈妈的自恋，而是相信孩子可以离开自己去成长。同时，妈妈也要能接受孩子对她依赖的减弱。去告诉和鼓励孩子，你有属于你的环境，你可以离开妈妈去体验你自己的生活。

其次，你需要告诉孩子，世界真实的样子是怎么样的。这并不是只停留在口头上，而是要用你的行动来告诉孩子，例如"妈妈的能力也是有限的，也有做不到的事情"。

一个理想型妈妈对孩子的影响是非常大的。如果你在有意或无意中扮演着这样一个理想型妈妈，我建议你可以尝试去承认有些事情自己能做到，有些事情做不到，给孩子呈现出一个真实妈妈的状态，哪怕只有 60 分也没有关系。孩子并不会责怪你做不到。如果你做得太多，孩子反而可能会责怪你，因为你的过度保护把孩子对某些事的体验剥夺了，他的感觉会很糟糕。

第三，你需要陪伴孩子去体验情绪，而不是代替他。

例如，看到孩子摔倒时，妈妈通常会有两种反应：一种是推卸责任，把责任都推到其他东西上，对孩子说"宝宝别哭啊，是地板的问题"，或者"宝宝受伤了，是不是很疼，都怪那些东西撞到你了"；另外一种是阻止孩子表达情绪，对孩子说"别哭了""哭什么哭，有什么好哭的"。

实际上，这两种处理方式都是因为妈妈无法接受孩子的情绪，没有让孩子产生被抱持[1]的感觉。所谓婴儿感觉被抱持就是，情绪是可以自由表达的，疼就会哭，这种事是正常的，妈妈能理解我。在孩子成长过程中，妈妈要陪伴孩子，让孩子慢慢体验这个过程，而不是去替代他，或不允许他表达情绪。

1　抱持，由英国心理学家温尼科特提出，指母亲能满足婴儿早期的各种生理需要。

别让孝顺成为捆绑自己的绳索

孝，在我国传统伦理文化中一直占据着重要地位，是我们民族一直推崇和遵守的传统美德。

但孝顺，除了包含子女对父母的爱，更多的是父母或家族对晚辈的一种要求，并成了孩子的一种责任和义务。

前段时间，我参加了一场婚礼。在婚礼当晚，所有亲朋好友都非常开心，除了新郎本人。他不开心已经很明显了，整个人的状态都是游离在外的，好像结婚的人并不是他。我从旁人口中得知了他不高兴的原因，原来他娶的妻子，他根本不喜欢，但他的父母很喜欢。

他之所以娶这个女孩子，一是因为父亲希望孩子早点成婚，并继承他的传统手艺，而这个女生恰巧就对他父亲的手艺非常感兴趣，所以他父亲很喜欢这个女孩子；二是新郎的妈妈身体比较虚弱，经常会生病，新郎也是一个比较孝顺的孩子，他认为家里有这样的喜事，或许会对妈妈的身体有好处。

很明显，这个新郎是一个孝顺的人。但我相信，让他和一个他不喜欢的人过一生，无论是在当下，还是未来的婚姻关系中，他都不会是愉悦的。我记得当时，连给双亲敬茶的时候，新郎的脸上也是没有一丝笑意的。

为什么已经这么不开心了，新郎还要违背自己的心意去顺从父母呢？那是因为如果不这么做，他会体验到两种最不愿意体验的情绪，一是羞耻，二是愧疚。之所以感到羞耻和愧疚，正是因为他觉得自己没有满足父母的期待。

孝顺，会让我们产生一些内在冲突。当春节来临时，很多在大城市打工的人都会回去。大部分人是怀着对父母的思念和爱回去的，但也有一些年轻人并不是特别愿意回家，宁愿和朋友待在一起，或者去旅行。可是他们仍然投入到春运的大军之中，因为他们觉得不回家看望父母是一种不孝顺的表现。就像有的人说，爸妈为自己准备了一顿丰盛的年夜饭，不回家的话，自己会感觉很对不起他们。这就是一种内在冲突，想要做自由的自己和要孝顺父母这两种愿望之间的冲突。

孝顺，还会成为一些父母控制子女的方式。有些父母不能接受孩子有自己的想法，非要孩子各方面都听自己的，不听就指责孩子不孝顺。因此，很多人为了做孝顺的人变成一个没法对自己负责的人，无法拒绝父母，一生都呈现出一种被固定住的状态，没有太多选择的余地。

孝顺和爱是有差别的。孝顺更多是一种行为，因为它是可以被别人看到的，可它背后的情感却是经常被忽略的。比如，父母让我们做什么我们就做什么，父母想要什么我们就满足他们什么。但在这个过程中，你愿不愿意，你是否开心，这些情绪都是被忽略的。我们自己好像也只是尽最大的努力，去达到孝顺的标准而已。那是爱吗？那不是爱。

我们是孝顺父母，还是爱护父母，不同的想法会导致我们做出截然不同的两种选择。

电视剧《天道》里面的父亲突发脑出血，全身插满管子，医生告诉子女，父亲没有救回来的希望了，哪怕救回来了，也只能是个永远不会醒的植物人。在这个过程中，弟弟跟哥哥产生了冲突。弟弟认为应该拔掉管子，因为父亲是个好强的人，他肯定无法接受自己永远只能这样屈辱地躺在病床上。而哥哥则认为，哪怕砸锅卖铁也不能拔管子，他要父亲活下去。

从中不难看出，爱和孝顺是不同的。在孝顺的过程中，人们会做出一些不理性的行为，因为他们不想去承受那种愧疚和羞耻的感觉。

就像剧中的哥哥，他如果真的爱自己的父亲，就应该知道父亲要强的个性根本不允许自己这么没有尊严地活着，所以放手让父亲离开才是对父亲最大的爱和尊重。

所谓"赠人玫瑰，手留余香"，爱是一种相互成全的体验。不是所有孝顺都是出自爱，特别是当我们需要牺牲自身利益去满足父母的需求时，我们内心有可能会带着对他们的恨。因此，我们需要分清楚，自己跟父母之间的关系到底是孝顺，还是爱。

孝顺是维持家庭秩序、让家庭能够延续下去的一个最重要的元素。但当我们发现孝顺已经成为禁锢，成为一种牢牢控制自己精神的捆绑性的东西，导致我们的体验非常不好，甚至对孝顺的对象产生了恨意的时候，我们需要从三方面做一些调整。

首先，我们要明白，每个人都有自己要去面对和承担的责任。父母也是如此，他们也是人，也有自己需要完成的任务。我们作为子女无法去替代他们处理所有问题，我们能做到的只是去理解他们，照顾他们。

其次，当孝顺变成捆绑的绳索，我们需要挣脱。如果带着恨意去孝顺的话，我们有可能会好心办坏事，因为这是一种最拧巴的情感。我们可以尝试从这里挣脱出来，不让它成为捆绑我们的绳索。

我之前在做调解时遇到过一个案例。有个女生一直在替哥哥还债，只要她表露出一点不愿意或不情愿的态度，父母就会用各种各样的方式令她屈服，例如指责她不孝、不理解自己的家人等，这些都让她感到很痛苦。我告诉她，也许你可以尝试先脱离这样的家庭。帮哥哥还债不是你的义务或责任，而且这样帮忙也会令你的生活变得一团糟。所以你可以先脱离，等到你的生活稳定一些、好一些的时候，你再按照你的意愿，选择是否提供帮助。

虽然在这个过程中，她要面对一些冲突，就是她需要去重新定义自己的价值，重新认识自己，而这一切都是值得的。在孝顺家人的过程中，把自己搭进去是一种得不偿失的做法。我们只有先爱自己，才能够去爱身边的人。

最后，我们需要真正的自我负责。人们在倡导孝顺的过程中，传递着一种父母要让子女负责的价值观，意思是当他们老去后，需要让子女通过孝顺给予他们最好的安全保障。但是，当孝顺成为对亲情的硬性要求时，即便是自己的孩子，也会感到痛苦。

你有没有想过，如果你发自内心爱父母，愿意听从和照顾他们，你是身心合一的，是感到快乐的。但如果你是被要求孝顺的，你呈现出来的孝顺有可能就只是一种表演的状态，为的是使内心的利己和利他达到一种平衡。

因此，当我们发现在孝顺父母的过程中，自己无意或有意成了这样一个被迫承担责任的人时，可以做出另一种选择，尝试去和他们沟通。但这并不是要牺牲自己，也不是再一次陷入一个乖巧听话、违背自己意志的状态。

第四章

修复之旅：
家人的沟通、滋养与成全

期望家人改变，是一个自寻烦恼的命题

人生有两个最主要的烦恼，一个是得不到，一个是已失去。亲密关系出现问题，期望家人改变，基本上就属于"得不到"的烦恼，因为你会发现事情往往是不会按照自己想要的样子发展的。家庭里绝大部分争吵都是由于我们希望对方做出改变，而对方拒绝导致的。

举个我身边的例子。我有个朋友，他很喜欢抽烟，虽然知道抽烟不好，但这个习惯已经保持了很久，他对烟的依赖已经很深，没有办法说不抽就不抽。太太是知道他这个习惯的，也一直劝他少抽点。他妥协了，抽的次数的确减少了。但突然有一天，他太太开始强制性要他戒烟，我朋友尝试了很多方法，但效果都不太显著。

在一次争吵中，他太太直接用戒烟这件事来指责他，说："你连戒烟都做不到，家里的其他事还怎么指望得上你？你这个人还有什么用？"这句话直接导致两个人冷战了差不多一个月。后来，

我们一起喝茶的时候，他又聊起了这件事，他说："我知道太太是为了我好，但戒烟这件事对于我来说，的确很难。"我非常理解我的朋友，因为我自己也是一个抽烟的人，知道想要戒烟，需要经历一个很漫长的过程。

我对他说："你尝试回家跟她解释一下，告诉他你不是不想戒，而是真的需要一段时间。"他回到家后，和太太进行了一场比较深入的谈话。他向太太坦白，自己真的做不到戒烟，而且太太这种想强迫他改变的要求让他觉得很痛苦。他太太思考了一会儿，然后有点挫败地说："好吧，身体是你的，我相信你是一个成年人，可以为自己的身体负责。戒烟这件事，你自己看着办吧。"

通过这次对话，我朋友也开始回想和太太发生争吵的整个过程。他发现，自己一直戒不了烟好像与他太太的要求有关。他太太用了很多方法，想改变他吸烟的习惯，但这些方式却激发了他的防御机制，导致他用各种方式去反抗太太的要求。当他意识到这一点后，开始放下反抗心理，这样一来，他竟然慢慢把烟戒掉了。

人生来就有对自由的向往，不愿意成为别人的附属品或工具。因此，想改变家人，就一定会激起你与家人之间的一些冲突。因为在我们要求对方改变的这个过程中，对方会产生一种对抗的力量，这种力量会把人与人之间的相处模式从合作变成对立。当我们处于对立模式时，自然而然就会产生对对方好坏的评价，矛盾和不良情绪也就会接踵而至。

那么，为什么我们总是控制不住想要改变自己的家人呢？改变家人能带给我们什么好处呢？

心理学上有个概念，叫理想客体，就是人们脑海中有一个完美的人。比如，妈妈脑海中有个理想的孩子，他什么都好，还事事顺着自己的意思。当她看到真实的孩子的样子，发现现实与理想两者之间的差距实在太大的时候，她就会通过指责、利诱等方式去改变孩子，让现实中的孩子更加接近她理想中的孩子。所以我经常会说，有时我们养育的并不是自己的孩子，而是脑子里的孩子。

与此同时，童年时期的一些经历也会影响我们。如果童年时期，我们的父母喜欢改变我们，那我们的内心也会认可这种模式，长大以后就想去改变身边的所有人，希望他们按照我们的想法来生活。

我们会认为，如果对方是一个理想客体，或者说如果我们把对方改造成理想客体，那么我们就可以得到很多自己想要的便利。这种便利是指，我们不需要付出太多努力，就可以解决所有事情。比如，如果我的丈夫是理想客体，那么我每天下班回到家，他都会做好饭，还会打扫好家里等着我回来，知道我累了还会帮我捏捏肩捶捶腿。这会让我们体验到一种不劳而获的感觉，所以我们才会那么想让家人改变。

我们希望对方变成理想客体，还有一个原因就是，我们觉得自己很脆弱，需要一个特别强大的客体来保护自己。如果对方能变成一个责任承担者，那么我们就不需要长大，也不需要去面对这些困难，只需要站在原地等待对方来拯救自己就可以了。

当家人按照我们的愿望去改变自己时，我们的自恋也可以得到满足。这就有点像如果自己的孩子非常优秀，那么身为妈妈的我也会被别人认为是个尽责的妈妈。每个人都喜欢把好的标签放在自己身上，让自己看上去是完美的。而一个尽责妈妈的人设会给我们带来别人的夸奖和崇拜，这能让我们的自恋得到很大的满足。

但是，强制别人按照我们的想象做出改变并不是一种促进人际关系更亲密的方式，相反，只会把两个人越推越远。

因此，当我们意识到自己正陷入想要强迫家人改变的境地时，我们就需要重新审视一下彼此之间的关系和相处方式，可以尝试从以下这几个方面入手。

首先，我们需要承认家人原本的样子。他的好，他的坏，我们都要看见并承认。就像之前那个戒烟的例子一样，他太太后来对他说："我知道，抽烟对你来说，是一件很重要的事情，它可以缓解你的焦虑。我明白这一点，只是希望你能稍微注意一下自己的身体，不要抽太多。"这其实就是一种承认，虽然这种承认会让我们感到很无奈，很无力。因为我们无法完全体会对方的感受，所以实际上，我们也做不到真正地理解对方，但这样的承认会给予对方一定精神支持，会让对方感到很温暖。

其次，我们也可以尝试脱离原本的角色，以一个旁观者的身份去看待这件事。有时候，我们会不自觉地陷入改变家人或被改变的情境中，这时我们不妨把自己抽离出来，从另外一个角度去观察整件事的经过。我自己最常用的方式就是，把我当成我的朋友，比如，"如果我的朋友发生了这样的事，我会怎么去安慰他？""我会怎么帮他解决这件事？"从一个当事人的身份变成旁观者的身份。从另一个立场去看待整件事，或许我们会发现一些之前没有注意到的细节，而这些细节正好能够帮助我们解决家庭中的矛盾。

再次，我们还要注意自己是否陷入了强迫性重复。如果自己从小就被父母很严厉地对待，长大后就容易用这样的方式去对待家人或朋友。如果我们一直处于想要改变家人的强迫性重复模式里，那么我们针对改善亲密关系所做的一切都没有意义。因为只要想改变家人，彼此的相处模式就会回到对立的状态，所以我们要做的是走出强迫性重复的循环，寻找新的路径或方式。任何事情的改变都需要一个过程，我们也不要抱有事情马上能得到改善的不合理期待。只有时刻保持觉察，多尝试新的方法，才能更好地摆脱强迫性重复的关系模式。

最后，我们要做到为自己的人生负责，而不是为别人负责。无论多么亲密的人，就算是自己的父母或孩子，我们都要注意边界问题，因为每个人都拥有自己的想法、态度或目标，这是他们的自由，我们不能干涉。无论对方最后变成什么样子，都不是我们可以左右的，我们能改变的只有自己的人生。当我们意识到这一点后，就可以做出一个新的选择，尝试放手，不再期望家人改变。虽然这样会令我们失去一些控制感，但同时也会让我们收获一些亲密感和幸福感。家人之间的矛盾冲突也就会跟着慢慢减少。

你是在使用语言暴力还是在沟通

很多来访者都向我抱怨过同一个问题：每次他们想和另一半沟通的时候，对方要么坐在一旁沉默，一言不发；要么根本不理会自己说的话，默默走开。他们在愤怒的同时又感到很挫败，很委屈，心想自己想和对方沟通，难道还错了吗？

这当然没错。人是群居动物，沟通更是我们日常生活中维持关系必备的技能之一，目的是让双方达成一致的决定或约定。就算沟通后无法达成一致的意见，它也能给予我们一个相互表达各自看法的机会，为我们解决问题、处理事情提供新的角度。

但可惜的是，很多时候，有些人的沟通并不是真的沟通，而是在使用语言暴力。就像青春期的孩子回到家后总是喜欢自己回房间待着，妈妈又很想和孩子说说话，可每次双方没说几句就会吵起来，甚至还会用一些比较恶毒的话语。

为什么明明是想沟通，最后却变成了在使用语言暴力？

沟通是一个互动的过程。因为真正的沟通需要三个要素，分别是我、你和情境，如果失去了其中一个要素，都会让主动沟通的一方产生无助或受挫的感受，也就等同于对主动沟通的那个人实施暴力行为。

在沟通方面我们常见的暴力行为有两种，一种是权力斗争，另一种是发泄情绪。

权力斗争是指，在某个问题上"我是对的，你是错的；你应该听我的话，按照我的期待去做"。这种情况更多出现在孩子和父母的沟通中，因为大部分父母都希望孩子能够听从自己的话，达到自己期待的高度，所以他们倾向于用控制的方法去对待孩子。

发泄情绪，更多的是在指责对方对自己不好，它是一种单向沟通。在这种沟通模式里，我是看不到你或情境的，只能看到我和我的感受。而我的难过、不幸，以及不舒服都是你造成的，是你的责任。在这种暴力中，施暴的人把自己看成了受害者，把对方看成了需要被谴责的施暴者。

其实，不论是权力斗争还是发泄情绪，双方不是处在同等的地位上，沟通就演变成了语言暴力。如果我们在沟通中不断实施语言暴力，对双方关系会产生怎样的影响呢？

在此之前，我们先要厘清沟通和语言暴力分别会给我们带来什么。

沟通是一种创造的力量，是一种合作的状态，有点像我们在公司里和同事一起商讨方案，彼此分享自己的建议，然后共同商讨得出最后的结果。语言暴力则是一种毁灭的力量，是一种不平等的状态，通过言语、精神或躯体上的暴力，让对方按照我们的期待改变。使用语言暴力会导致双方关系处于一个极度不对等的状态，给彼此沟通带来很大的阻碍。

无论是实施语言暴力还是遭受语言暴力的一方，在无法顺畅沟通的时候，都会把对方放在自己对立面，看成是自己的敌人。这时，双方都会觉得对方是错的，自己是对的，他应该按照我说的去做，如果不肯，那就是他的问题，是他不愿意合作，不愿意沟通。可能原本只是很小的问题，却由于这种想法被放得很大，直接从问题本身上升到对人产生质疑。对方因此从我们的朋友、家人，变成了我们的敌人。

当我们开始把沟通对象当成敌人的时候，我们就会很容易主动隔断跟外界的沟通。我举一个经常在婚姻辅导中听到的例子，丈夫下班回到家后，已经很累了，只想好好休息一下，但妻子却在一旁很兴奋地跟丈夫分享今天家里发生的事情，完全没有注意到丈夫脸上的疲态。面对妻子的滔滔不绝，丈夫表现很冷淡，甚至很敷衍。这种情形下，是谁在施暴呢？

很明显，丈夫面露疲惫，那这样的情境其实是不太适合沟通的，因为其中一方已经没有足够的精力去应付另一方的提问或分享。对丈夫来说，妻子这种强行入侵行为就等于在实施暴力。那是不是丈夫就只是受害者呢？其实不是的，为了保护自己，丈夫选择隔断跟妻子的沟通，敷衍应付妻子，这样也是在对妻子实施暴力，会带给妻子痛苦的体验。在这个例子中，夫妻双方同时是施暴者和受害者。

如果我们平时与人沟通也有使用语言暴力的习惯，可以尝试从以下三个方面进行调整。

第一，不要把别人看成是会伤害自己的人。很多时候，我们之所以会对别人使用语言暴力，就是因为我们觉得对方是一个跟自己对立的人，是一个会伤害自己的敌人，我们只有用语言暴力才能保护自己。这会导致恶性循环，不断用暴力去抵抗暴力。可是，别人可能根本没有伤害我们的意思，只是我们把对方当成了一个假想敌。因此，在与别人接触交流的过程中，我们要注意自己的投射，不要把自己的想法套在别人身上。

第二，我们还需要时刻保持自我觉察的习惯。如果以前的我们习惯以暴制暴，那么当我们觉得对方要伤害自己的时候，第一反应就是用同样的方式回击。我们应该常常从第三者的角度去观察到底发生了什么、对方是否真的要伤害我们，而我们又在这段关系里扮演什么角色。

以上自我调整的方法并不是引导你变成一个处变不惊、自我压抑的人。在沟通中产生情绪是很正常的一件事，如果我们已经无法再忍耐，想要把情绪发泄出来的话，我们是可以直接告诉对方的，但是需要记得保持沟通双方的平等地位，你可以对他说"我现在不想跟你沟通，只想发泄一下情绪。我希望你能听一下我说话"，这也是一种沟通的方式，而且比隐藏自己的情绪装作很开心地跟别人聊天要好很多，也会让两个人的相处更加直接轻松。

第三，向对方提出你的诉求时，不要忽视沟通的情境。我提过，一个良好的沟通要具备我、你和情境三种要素，换句话说，情境的改变对沟通交流也有着很大的影响。

有一对夫妻来访者，他们之间有个很奇怪的相处模式。每次当他们躺在床上准备入睡时，总会莫名其妙地开始吵架，还常常吵到三更半夜，这让他们两个都很痛苦，但又不知道为什么会这样。后来通过跟他们沟通，我发现，原来造成他们这种情况的原因是他们喜欢在睡觉前讨论生活中的事情。很显然，在两个人都比较疲倦的状态下沟通是不明智的，因为这种时候人的防御性是很高的，而且也无法保持一贯的清醒和理智，所以讨论才会演变成暴力沟通。

根据他们的习惯，我提供了一种解决方法。我对他们说："以后如果有需要沟通的事情，尽量不要在卧室沟通。你们可以在客厅，在厨房或其他地方，就是不要在卧室讨论。因为卧室是用来睡觉，放松自己的地方。"他们在尝试后，发现彼此的交流沟通更加顺畅舒服了，争吵也大幅度减少了。这就说明，当沟通已经形成了一个固化的模式后，我们每次沟通都会触发相同的应对模式。因此，只有离开这个场景，离开这个空间，才能改变我们的沟通方式。

当我们没有固定的沟通习惯，但又想就某个问题好好聊一下的时候，我们也可以为沟通创造一个情境。就像很多人在讨论事情前，都会问对方"你现在有空吗？我有些事想和你说"。这其实就是在为即将到来的讨论创造情境。

当我们意识到自己原来一直在使用语言暴力沟通时，就需要做出一定改变，因为这种沟通方式只会激发双方的矛盾，长此以往，甚至还会导致关系破裂。良言一句三冬暖，恶语伤人六月寒。能够和别人进行良好沟通是一种能力，它能让我们在人际交往中更加顺利。

运用冰山理论，理解家人的感受和渴望

在家庭疗愈方面，萨提亚提出过一个冰山理论：人的"自我"就像是一座冰山，我们能看到的只是它露出水面的一部分 —— 行为，而其他部分是藏在水底下的，包括感受、渴望、期待等七个方面。

我常用冰山理论来解释我们与家人之间的关系。很多时候我们都有一种感觉，希望家人能够更加直接明了地说清楚他们的需求，不要把简单的事情复杂化。就像我的一个来访者，他说每次看到妻子的神情很悲伤，都会去问妻子发生了什么，但无论怎么问，妻子都不会说。如果他再多追问几次，妻子就会反过来指责他，经常弄得他一头雾水，完全不知道自己哪里做错了。

这位来访者是很有问题觉察意识的，他意识到自己与妻子之间的沟通肯定是出了问题，但具体问题出在哪里他又不清楚。他尝试通过多跟妻子交流来找一下问题的根源，可妻子每次都嫌他烦，不问的话妻子又会说他不关心她。两个人的关系就这么僵

持着。

很明显，如果用冰山理论来解释的话，妻子神情悲伤，不愿意回应丈夫，这是冰山露出水面的部分，也就是行为和情绪。导致妻子出现这些行为和情绪的原因就藏在水面底下的冰山部分，是一些行为和情绪背后的感受。

由于这些感受被深埋在水面下，我们无法直接看到，所以当需要去应对对方情绪的时候，我们就只能在心里猜测他的想法，按照自己的理解去解读对方的行为。比如，丈夫在外加班到很晚，回到家后已经很累了，一进门就躺在沙发上休息；同样工作了一天的妻子回到家以后开始做家务，她其实特别希望丈夫能来关心一下自己，或者帮自己做一下家务。那么这时候，两个人在内心就会出现一些对彼此的猜测。丈夫看着妻子脸色很难看，可能会想，我现在很累，只想休息，但按照之前的经验，她肯定会走过来责怪我；妻子看着一动不动的丈夫，可能会想，这个家伙在外面一天了，回家都不知道过来帮我一下。两个人各有各的想法，但都不说出来，他们之间就会产生一种无声的对抗。

面对这种情况，彼此真诚地沟通就显得异常重要。明明直接讲出我们内心的需求就能更好促进家人之间的关系，但为什么我们还是选择相互猜测呢？为什么宁愿只从冰山表面的行为去猜冰山底部的感受，也不愿将埋藏在冰山底部的真相告诉对方呢？

因为，并不是每个人都懂得如何清楚地表达自己的感受。

我们心中会存着这么一种期待，希望对方能在我们不说原因的前提下，猜到我们为什么会这样。比如，有些女孩很希望男朋友能够多陪陪自己，但看着对方那么忙碌，自己说不出需要他陪伴的话，害怕耽误了他的工作。可是在女生的内心，她会一直在体谅男朋友和满足自己的需求之间不断徘徊，难以做出选择，这就导致她的行为会很矛盾。一方面她可能对男朋友说"你先好好工作，不用管我"，但另一方面她可能又会责怪男朋友不懂自己，她会想："我都这么体谅你了，你就不能为我考虑考虑吗？我不说，你难道就不知道要抽个时间陪陪我吗？"

别人不是我们，他们也没有读心术。希望对方能无师自通，读懂自己没说出口的想法只是一个不合理的期待。这种不合理期待的产生跟我们小时候被对待的方式有关。

在很多人的成长过程中，直接表达需要通常换来的是指责。比如，孩子看到一个玩具很想要，他如果直接跟妈妈说"妈妈，我想要买这个玩具"，妈妈可能会指责他："你都这么多玩具了，还买？我们家没那么多钱，你能不能懂事点？别看到什么都想要。"慢慢地，我们想要表达的欲望就会越来越小，最后直接变得不敢表达，害怕一表达换来的是再一次的批评。

不断受到批评会导致很多人长大以后不习惯自由地表达需求，因为他们会觉得拥有自己的想法和愿望是一件羞耻的事。我们从小就被教育，只有多为别人着想才值得被赞扬，所有自己获益的行为都是自私的，是不可取的。比如，小时候我们拿苹果吃，如果拿的苹果比较大，就会被指责说"你怎么这么自私，不懂得把大的苹果留给别人吃吗？"当我们长大一点后，对自我表达就有了抗拒心理。当别人问我们的想法时我们往往会什么都不说，这时候父母又会批评我们："你到底是怎么想的，你说出来啊！你不说出来我们怎么知道？"但如果我们真说出来了，换来的可能还是一顿批评，他们要么说我们自私，要么觉得我们的想法不可理喻，然后直接拒绝跟我们交流。

如此反反复复，我们只能学会用谎言来掩饰冰山下面的情绪和感受。就像我前面说到的那个来访者的例子一样，丈夫发现妻子不开心就问她怎么回事，妻子明明内心是有很多想法的，但给出的回应只是"没事，我没什么"。这样的沟通只会让家人之间的距离更加疏远。

在与家人的相处过程中，让别人主动发现自己藏起来的感受大多是不可能的，我们需要自己看到自己水面下的部分，并且不要遮遮掩掩的。向别人呈现自己的脆弱，表达自己的愿望是走向沟通的第一步。你不要害怕这些愿望表达出来后会被批评、被羞辱，只有表达出来了，家人之间的关系才能更亲近一些。

行为只是情绪感受的表达形式，因此在与家人沟通的时候，我们不能只看对方的表现。当你发现家人拒绝沟通或者情绪很反常时，你不要急着逼对方，而是可以尝试思考一下对方出现这种行为背后的原因，与对方产生共情。这种思考与之前提到的猜测不同，猜测是把自己放在跟对方对立的状态中，而共情则是看见对方，把自己放在对方的角度上去思考对方经历了什么，是什么导致他这样做。

我遇到过一对很有默契的夫妻，丈夫告诉我："有一次，我在事业上遇到一个很大的难题，给家里的经济造成了很大的损失，我很愧疚，也很担心妻子会责怪我。但她没有，反而给我提出了几个能减少损失的建议，还把家里的存折都拿了出来，说要跟我一起渡过这个难关，那时候我在心中就发誓，我一定要好好对她。"

丈夫之所以会这么有感触，是因为他感受到了妻子的共情。他的妻子先是看到了他内心的脆弱，甚至那些他无法用言语表达的东西，然后，妻子还站在了他的角度，为他想出了几个解决的方法，而不是一味地责怪他拖累了家里的经济。这就是一种共情体验——"我真真切切地被对方看见了"。

共情最重要的，除了要看见对方，还要承认对方做的一切努力。比如，孩子考试成绩不太理想，会很失落、很挫败，同时也很害怕被父母指责。这时，身为父母要做的首先是看见他的脆弱，然后承认他的努力，告诉他"没关系，我知道你也很渴望拿到一个好成绩。这次的失利不要太过在意，你的努力我都看在眼里。如果你觉得现在学习压力很大，那么你可以告诉我，让我帮你分担一点。"这个才是对方最渴望得到的关心，因为我们没有只根据结果去评价他做得好不好，而是真的看到了他的付出和努力。

除了用语言来创造共情体验，我们还可以与对方进行一些身体接触，比如拥抱、握手或亲吻。这种身体接触能够帮助我们暂时建立起联结，给予对方一定的支持和鼓舞。就像丈夫工作完，精疲力尽回到家中，这时候如果妻子给他送上一个拥抱或亲吻，丈夫就会觉得很开心，一天的疲惫也能减轻不少。我们习惯了通过解读家人的行为来猜测家人的想法，但拥抱或亲吻等举动能直接提供给对方部分安慰，因为你充满爱意的行为可以让家人放下无端的猜测。

常言道人心都是肉长的。如果我们能真正看见对方隐藏在水面下的情绪，并做到感同身受，那么这将会是一种最大的善意，尤其是对家人。

避免四种功能不良的沟通模式

为了避免单方面沟通妨碍人与人之间建立情感联结，有四种不良沟通模式是需要我们注意的，它们分别是讨好、指责、超理智沟通和打岔。

1.讨好

讨好的沟通模式就是我们把自己放在一个可以随时被别人抛弃的位置上，把对方放在一个暴君或控制者的位置上，我们只有依附对方、顺从对方才能维持好双方关系。可这样的关系是不平衡的，因为双方不是处在同等地位上，这只会导致两个人之间的关系没有任何的亲密可言。

而且，这样的沟通方式会带给我们一种极度不愉悦的感受 ——恐惧。

恐惧很容易理解。不恐惧我们也就不需要讨好。正是害怕对方会抛弃自己，会对自己有不满意的地方，我们才需要不断地去讨好对方，希望对方能一直喜欢自己，待在自己身边。

2. 指责

有一种指责式的沟通很容易被我们注意到，因为它是一种意识层面的指责，多数由权力斗争引起。在这场斗争里，我们的目的只有一个，就是要矮化和贬低对方，从而证明自己的优越和完美。就像我们经常听到的"红花还需绿叶衬""一朵鲜花插在牛粪上"，这些都是典型的指责话语，这里面表现出的是只有自己是好的，对方肯定是不如自己的，对方扮演了一个失败者的角色等。

还有一种指责是属于无意识层面的，我们很难发现它，因为它往往藏在讨好的背后。讨好就是把对方放在暴君的位置上，所以一个人在讨好另一个人时，他心里对对方一定是防备的。这个人表面上会表现出讨好的样子，说很多好话，但他会因为防备和恐惧而在心里暗暗指责对方，认为他是一个苛刻的人，或者是一个想要控制自己的人。

在指责的沟通模式中，对错取决于说话人自己的标准。简单来说，只要对方不符合我们的期待，那么对方就错了，不管他经历了些什么。

我看过一部叫《如父如子》的电影，里面其中一位父亲斋木常用的沟通模式就是指责。孩子明明不喜欢弹钢琴，但为了让父亲开心，一直都很努力地去学习钢琴，就是希望能得到父亲的一句赞许。可是，斋木永远只会指责孩子弹得不够好，全然不顾孩子是否真的喜欢，也看不到孩子到底有多用心去做这件事。

长期指责只会令两个人的关系越来越疏远，彼此的心中都存有对对方的恨意。

3. 超理智沟通

第三种不良沟通叫超理智沟通，它是一个心理学的名词，指的是在沟通过程中，说话的人是不谈情感的，不会和我们共情，甚至还会给我们带来被忽视的体验。

我有个个案，她丈夫惯用的沟通模式就是超理智沟通。她每次来到咨询室都会向我抱怨说："我丈夫真的太理智了。每次争吵他都要跟我讲逻辑，把整件事的前因后果全弄明白。就像之前有一次我不小心开车撞到别人的车，心里又害怕又觉得烦，就和他说了。他居然能用我早上着急忙慌、心不在焉地出门来解释我为什么会撞车。原本发生意外我已经很不开心，希望他能稍微安慰我一下，但他那种沟通方式真的丝毫没有让我继续沟通下去的欲望。反正我无论说什么，他都只是继续给我分析问题。"

抛开情感层面不谈，我们会发现这位来访者的丈夫确实是一个逻辑很强的人，他的这一通分析也确实是有理有据，但是他忽略了一点——自己要去沟通的人不是一个无关紧要的路人，而是自己的妻子。他这种沟通模式会让彼此之间缺乏情感上的联结，从而忽视对方的一些诉求、渴望和感受。人本来就需要情感上的交流，如果对方只是在很理智地沟通，那我们与他交流和对着一个机器人说话是没有任何区别的。我相信，如果我们在外面工作一天后，回到家还要面对一个缺乏情感的家人，只会让我们感觉到很孤单、很无助。我们也很难把内心的感受和想法对他说出来，因为我们害怕得到的还是那些没有共情的逻辑分析。

4. 打岔

除了上面讲到的讨好、指责和超理智沟通，最后一种不良的沟通模式是打岔。一般来说，我们用打岔的方式来沟通，有两方面原因。

第一是为了化解尴尬。比如，家人聚会的时候，父母经常很喜欢讲我们小时候的糗事，但有些糗事会令长大后的我们感到很尴尬。往往这种时候，我们就会使用打岔的方式来转移话题。

第二是为了回避冲突。比如，妻子生日，丈夫忘了给她买礼物，妻子有可能会很生气地指责丈夫不爱自己，没有用心记住自己的生日，有些丈夫这种时候就会采用打岔的方式来转移妻子的注意力。他们可能会说："你今天穿得真漂亮，这件衣服在哪里买的啊？"因为他们知道，如果再纠结这件事，双方就会产生激烈的冲突，这并不利于夫妻之间相处。

虽然打岔的沟通模式能有效避免冲突和尴尬，但它同时也会给对方带去一种"我不想跟你说话"或是"我不屑于跟你讨论这个问题"的感受，令对方感觉自己被忽视。

总的来说，这四种不良的沟通模式都存在着几个共通点。

首先，在这些沟通模式中，彼此关系肯定是对立的，它们绝对不是一种合作的关系，并且我们也不会在这段关系中体会到彼此紧密联结的感觉。

其次，当别人用这样的方式跟我们沟通时，往往会令我们感觉自己对这段关系是没有贡献的，而且还觉得自己有可能是个会给别人制造麻烦的人。

最后，这四种不良沟通模式的产生都是由于我们忽略了沟通三要素中的其中一种，比如缺乏情境，就会进入指责的沟通模式；缺乏"你"，就会进入打岔的沟通模式。当然，很多时候我们在亲密关系中使用的沟通方式恰恰是我们被对待过的方式，我们只是在不断地复制运用。

一致性沟通带来美好关系

很多人问过我，为什么自己学了很多关于沟通的技巧，但感觉与别人沟通的时候，还是存在不少问题，没办法很好地向对方表达自己的想法，特别是在亲密关系中。这是因为很多时候我们和关系亲密的人在一起，想向对方表达的并不一定是某些具体的渴望或意图，有可能只是想单纯发泄一下情绪，告诉对方"我现在很不开心"。但如果直接表达这些负面情绪，我们还是会感到一些恐惧和羞耻，害怕对方会看不起我们，或者觉得我们是个很难相处的人，所以我们常常选用比较委婉的方式去表达。不过很多时候，这会让简单的事情变得复杂。

你可以思考一下，当你和家人沟通的时候，你把对方看成谁。比如，如果妻子把丈夫看成是一个会伤害自己的人，那么她每次和丈夫沟通时，她的话也许会包括以下这三点内容：第一，我要告诉你，我被你伤害了，我很难过；第二，你伤害我的行为是不对的，你是个很糟糕的人；第三，现在我很生气。其实，妻子表达的这三点内容都只是想对丈夫说：你对待我的方式是不对的，它不是我想要的，你应该按照我的想法去做。

除了需要思考我们把对方看成谁，我们还要思考我们把自己看成谁；在人际关系中我们在扮演什么角色，是伤害人的角色，还是被伤害的角色；是我们对别人有用，还是别人对我们有用。比如，如果我们把自己看成儿子的朋友，那么在和儿子沟通时，我们会使用比较轻松或诙谐的方式，跟他聊的话题也会比较多；如果我们把自己放在父亲这个角色上，那么就会用比较严肃的态度和儿子沟通，双方之间可能就会保持一定的距离。

因此，我们把对方看成谁，以及我们把自己看成谁，对沟通有着很大的影响。如果我们把自己定位成受害者，那么对方就一定处于攻击者的位置上，彼此之间的关系状态是敌对的。但如果我们把对方看成是合作者，双方都愿意为了这段关系做出一些妥协或改变，这时沟通才会变得有意义。毕竟大家都会更愿意听合作者说话，而不愿意听敌对者说话。

在把关系中各自的定位确定好后，我们就可以来观察一下，自己的表达方式有没有出现问题。

当我面对来访者咨询问题时，我不可能用讲课的方式和他沟通。因为讲课我只需要把要讲的内容陈述清楚就可以了，但咨询是需要沟通的，而沟通需要情感的流动。比如，你现在为某些事情感到很焦虑，我可能会说："我能感受到你的焦虑，知道你为了这件事耗费了心思，但以前再大的难关都过了，这次我相信你也可以。"而不是像上课那样，直接告诉你哪里做错了，你应该如何去改正。

总的来说，如果沟通双方的定位和表达方式出现偏差，那么彼此之间的沟通肯定会十分不愉快。此时，一致性沟通就显得异常重要。

一致性沟通，就是身心一致的沟通。它遵循四大原则——不美化，不做没必要的猜测，不表演，内外一致。

不美化，就是呈现真实的样子，事情是怎么样的就怎么样。有些人很喜欢吹嘘自己的能力，在和别人沟通的过程中经常会夸大他在某件事中的重要性，可能自己只是公司里的一个小职员，但对外却说自己是公司的管理层，手下有好几个人帮忙干活，接的项目都是比较大型的。可这些都是假的，过度夸大事实只会让别人觉得你这个人不够真诚，自然而然不会想跟你继续沟通下去。

不做没必要的猜测，即不要用想象去揣测还未发生的事情。比如，有时夫妻之间因为一些小事吵架，妻子可能会说"你现在都已经这样对我了，十年以后不知道会变成什么样"。但这只是自己的想法，不一定是真实的。

在不美化、不做没必要猜测的同时，我们还要做到不表演。当我们把自己定位成某一个特定角色时，我们的言谈举止就会向这个角色靠拢。比如，我觉得身边的人都是会伤害自己的，为了保护自己，我只能扮演一个攻击者的角色，不断攻击别人，让他们认为我很厉害，不敢随意欺负我。这其实就是表演，向别人表演一个我们为自己设定好的角色形象。但这也会让我们局限在这个角色中，无法抽离，无法以正常的身份跟别人进行沟通。

如果我们不想再处于表演的状态中，那么就要做到内外一致，这也是一致性沟通的第四个原则。想的跟说的是一样的，这其实也能在很大程度上避免听的人产生误解。因为表达过程中如果修饰越多，别人能够接收到中心思想的可能性就越小，被误解的概率就越大。

一致性沟通最后呈现出来的效果，或者说是带给两个人的体验，就是我理解你，你也理解我。那么，要怎样做才算是真正的一致性沟通呢？

举例来说，孩子这次的考试成绩不太理想，妈妈想跟他进行一次沟通，了解一下到底是什么原因影响了这次发挥。当然，这个时候，妈妈肯定是跟孩子处于合作的状态，而不是对立的状态。不然的话，双方之间的沟通就不会存在，彼此间也无法很诚实地表达自己的感受。

妈妈可以这么对孩子说："我看到你这次的成绩好像不太理想，跟我们的预期有一定差距。我知道你很难受，我自己也有一丝失落感。但我不会因为这件事去责怪你，因为我看到了你的努力和用心。现在我们不妨一起来思考一下，为什么这次的成绩会跟我们的预期有这么大的落差。是爸爸妈妈对你的要求太高了吗？如果是的话，告诉我们，我们会进行调整。当然要是你学习上的确存在一些困难，需要我的帮助，我也很乐意，我相信我们一定可以齐心协力解决这个问题。"

这就是一个完整的一致性沟通过程。

作为主动沟通的一方，我们可以先真诚地表达自己的感受，告诉对方我们的想法，同时也要理解对方当下的感受，不要有其他激发双方矛盾的行为，比如指责或埋怨。

做到这两点后，我们可以和对方一起就这件事来商量解决方法，看看是否我们其中一方需要做出一些改变或妥协。这往往需要依赖双方的共同努力才能做到，如果其中一方不愿意去解决，那么整个沟通都会无法进行下去。

最后，要再次强调一下我们是合作关系，让对方知道当他有困难的时候是可以告诉我们的，我们是值得信任的。

总之，一致性沟通最核心的一点就是，我们要明确沟通是为了拉近关系，而不是破坏关系。你和我都是为了让关系变得更加美好，而不是更加糟糕。只要双方都坚定这个目标，那么一致性沟通并不是一件难事，相反，它还会时常滋养我们的关系。

总是感觉委屈的人体察不到他人的爱

我曾经听过这么一个故事：有人问，世界上谁最孤独？答案是，上帝最孤独。因为所有人都是他的子民，没有人能去替他分担痛苦。所以如果我们把自己当作别人生活中的上帝，那么我们就注定是孤独的。

我参与过很多调解类节目，遇到过形形色色的夫妻，其中有一对夫妻给我留下了很深刻的印象。丈夫是个赌鬼，欠下了很多赌债，没有工作，在家也不管孩子和他生病的父母，但他有个很好的妻子。妻子辛苦地外出打工，赚钱来养家，给丈夫还赌债，还要负责照顾孩子和公婆的日常生活。虽然我们听上去觉得妻子过得很惨，但她其实很"享受"这个角色。因为尽管她每天都在抱怨生活的不公平，好像陷进了一个非常深的漩涡里，看不到出路，但她就是不肯改变这样的生活。无论别人怎么劝说她，帮她出主意，她总会说一句"我可以的"。

我相信，嘴上说着"可以"的她，内心肯定是非常委屈的。

因为在节目整个录制过程中，她都在不断向我们抱怨丈夫有多不负责任，孩子有多不听话，好像身边没有一个人能帮她。她身边的每个人都成了她的累赘，需要她来拯救他们的生活。

我常说，拯救者的背后其实藏着一个受害者。这位妻子觉得自己是个救世主的同时，也在暗地里把自己定义成一个受害者。

为什么会这么说？

我们先来了解一下什么是受害者。受害者通常有三个方面的特点：第一，他们觉得别人都是来伤害自己的，不是来帮助自己的；第二，他们觉得只有自己是付出者，别人都是索取者；第三，他们觉得自己是个给大家制造麻烦的人，没有人会喜欢自己。

拯救者虽然不会把自己当成一个大麻烦，但是他们会将对方弱化，这就会让拯救者产生与受害者相似的心理，即认为对方并不能给自己提供帮助，自己还在给对方不断提供价值。因此，作为一个救世主，他们经常感到孤独、恐惧和委屈，有时甚至会因为这三种情绪不想与对方产生任何联结，就像一些埋怨丈夫不上进的妻子经常会对丈夫说："我不想再管你了，你爱怎样就怎样。"她们长期把自己放在拯救者的位置上，拯救丈夫让她们筋疲力尽，一旦跟丈夫产生关联，就意味着她需要花费很大力气去帮助对方，不仅对自己没有任何好处，还会给自己带来更多的孤独、恐惧和委屈。与其这样，还不如不发生联结，把对方当陌生人算了。我相信，在这样的一段关系中是不会存在爱的，只有恨。

这还会让拯救者无法体会到别人对他的善意。从我们对自己的定位就可以看出我们对待这个世界的方式。如果我们把自己定义成一个拯救者或受害者，我们就会觉得这个世界上的所有人都在伤害自己，没有人会帮助我们，我们不会对这个世界抱有善意，相对地，也就无法体会到别人的善意。就像有时我们为一件事情感到非常苦恼，可当别人给我们一些善意的提醒的时候，我们反而会更生气，因为我们会觉得对方站着说话不腰疼，他们根本没有体会到我们的感受，除了添乱什么忙也帮不上。这种体验经常会让拯救者陷入一种孤立无援的绝望状态，认为自己的生活中没有一个人能真正理解自己，帮助自己，人生除了靠自己，没有别的选择。

亲密关系其实是一种匹配的关系。如果你扮演了一个拯救者，那么你就一定会遇到需要被拯救的人，或者你会把对方看成是需要被拯救的人。当家庭中存在拯救者的时候，其他家庭成员都会感到很痛苦，这种痛苦是"我们只能是他的累赘，而不能是他的家人"。因为不管我们做什么，他都不会满意，也不会感觉到我们付出的努力。

我前面提到的爱赌博的丈夫和包揽一切的妻子之间的关系就是一种匹配的关系。当时我问了丈夫一句话："你有没有觉得你们很配？一个经常不管家里的事，只顾着出去赌博。另一个把家里的事都打点妥当让对方放心去赌博。"丈夫回答我说："我的妻子的确是这样的人。每次别人叫我去赌博的时候，我都犹豫过。但一想到她把家里很多事都安排好了，我也很闲，没什么事做就去了。"可妻子却觉得很委屈，她认为是丈夫没有尽到自己的责任，才导致每件事情都需要自己去处理。

俗话说，一个巴掌拍不响。让他们走到今天这个地步的不是某个人单方面的问题。丈夫固然没有尽到自己的本分，可妻子一直把丈夫看成是一个需要被拯救的人，每一件事都替他处理好，甚至连赌债都替他偿还。这也进一步导致了丈夫越来越不想去面对问题，妻子越来越觉得委屈。

救世主没有合作者，委屈的人感受不到爱。当我们发现自己一直在扮演救世主的角色时，该怎么做才能摆脱这种状态呢？

首先，我们要明确，每个人都可以为自己的人生负责，这个世界不需要我们来拯救。无论是伴侣还是家人，他们都已经是成年人了，都有能力去对自己的人生负责。如果我们继续把他们看成脆弱的、需要我们帮助的人，就会促使他们真的变成这样的人。此外，过度负责还会让家人失去自理能力，导致他们事事依赖我们，不懂得主动想办法解决问题，我们自己也在这个过程中耗费了很多时间和精力。因此，学会放手是每个"救世主"都应该去尝试的事情。

就像我前面提到的那位妻子一样，她后来也尝试了放手，让丈夫自己去解决自己的问题。他们在节目中约定，丈夫的赌债要自己还，不然他们就离婚。妻子对丈夫说："反正我不会再管你的事了，自己的事情自己解决。我可以继续为这个家和孩子做一些牺牲，但如果你还不悔改，那么无论你怎么样我都不会管了。"丈夫听到妻子的这番话后慌了，同时开始思考自己是不是应该找份工作了。一个月后，编导去回访，发现丈夫真的找了一份工作，而且再也没有去赌博了。整个家庭氛围都有了巨大的变化，他们夫妻之间的矛盾也有所缓和，全家人齐心协力，共同为这个家而努力。

其次，我们需要明白，贬低别人的价值并不能反衬出自己的强大。有时候，可能我们觉得自己很糟糕，需要一个更弱的人来衬托自己过得还挺不错，才会那么尽心尽力地去照顾对方。因为当我们照顾别人的时候，也就等于把对方放在一个弱者的位置上，认为他需要依附我们才能生存。但生活不是表演，不是我们把对方看成是个弱者，他就真的是个弱者；也不是我们用别人的弱小来掩饰自己的糟糕，自己就会变得很好。这只是在自欺欺人，只有看清现实，我们才能脱离救世主的角色。

从赌博的丈夫和勤劳的妻子的案例中不难看出，被我们"拯救"的那个人并没有我们想象中的那么弱，只是我们把对方弱化了，或者说我们处于一个病态利他的状态中。所谓病态利他，就是我们有一种强烈的牺牲感，觉得通过自己牺牲可以让对方获得更多的利益。但往往这种牺牲可能是别人不需要的，而且也没人愿意跟这样一个人待在一起，因为我们看起来太强大了，他们会觉得很有压力。

如果你和家人之间的关系也是这样的话，那么不管你做得再好，付出得再多，对方都只会一直回避你。我们需要从这种病态利他的状态里走出来，多把注意力放在自己身上，不要再过多关注别人的事情，他们是可以自己解决的。还是那句话，这个世界不需要我们去拯救。

不管怎么说，我们之所以会在家庭中成为救世主，也许就是因为我们一直处在受害者情结里。其实家庭关系很简单，谁痛苦谁改变。既然你觉得自己是受害者，每天都过得很痛苦，那么去改变吧，现在就可以开始。

爱的感觉是成全，被爱的感觉是滋养

　　我曾经在公众号后台收到过这么一条留言，是个女生写的，她问我："胡老师，我跟男朋友在一起五年了，当初是他追的我，我觉得他对我很好，很体贴，就答应他了。大学毕业后我们就同居了，但慢慢地，我开始嫌弃他，每天看到他的样子，就气不打一处来，经常思考为什么当初就看上这么一个人。可真的要我离开他，我又觉得很不舍得，我感觉自己还是很爱他的，我到底应该怎么做？"我给的回复很简单，只有几个字，就是"继续谈，这跟我没关系"。

　　可能有人觉得我这么回复很无情，但我说的的确是事实。究竟该怎么做，是他们两个人需要共同思考的问题，而不是我这个局外人。更重要的是，我给出任何回答都不能让这个姑娘满意，她只会不停地追问下去。其实她之所以疑惑为什么自己对男朋友的态度这么矛盾，是因为她没有分清楚到底什么才是爱，她对男朋友的感情到底是不是爱。

很多人以为爱就是对对方很依赖，或者很需要对方，很渴望对方，但其实爱远不止如此。美国心理学家盖瑞·查普曼在他的著作《爱的五种语言》中提到过，爱需要五方面的内容，分别是肯定的语言、特别的时刻、精心准备的礼物、服务性的行动和身体的接触。总结一下就是：爱是一种对他人的成全、肯定，会忍不住想对对方好，同时也在表达自己的感激。

这也是我常说的"真正的爱，是如你所是，而非如我所愿"。

这要怎么理解呢？比方说，妈妈希望孩子日后能成为一名钢琴家，所以给他报了钢琴班，每天风雨无阻地送他上课，下课后还一直监督孩子练琴。孩子已经觉得很累了，想休息一下，但在妈妈看来，孩子只是想偷懒，他还是可以继续练习的。所以这时妈妈是看不到孩子的抗拒行为的，她只会被自己的行为感动，觉得自己真的很爱这个孩子。这是爱吗？我觉得不是，因为整个过程中，妈妈都没有看到孩子真正的需求，她以为自己想的就是孩子要的。这不是在成全别人，而是在成全自己。

大部分人在成长过程中，都没有被父母好好爱过，但这也不能全怪父母，因为他们并不是不想爱我们，他们可能自己也不知道被爱到底是一种什么样的体验，自然而然，也就没有能力去爱别人。要知道，爱不是一种天生具备的能力，它是需要学习的。

没有被爱过的人只能按照自己的理解，或者是自己被对待过的方式去爱别人。与此同时，童年时期没有被好好爱过的人，很容易把自己定位成一个不值得被爱的人。比方说，有一些人在收到礼物的时候，他的第一反应不是开心，而是很焦虑，觉得自己应该买一份更加贵重的礼物回报别人，因为他觉得自己不配拥有这么好的东西。

但这种对自己的定位会导致他们很难发现别人的爱，也很难判断别人是不是爱自己。我有一位女性来访者，因为她的家人比较重男轻女，所以她小时候在家里得到的关注和爱都不是太多，她一直觉得自己是一个不值得被很多人爱的人。长大以后，在恋爱关系中，她也总是怀疑别人是不是真的爱自己。有一次，她跟我说："我觉得我的老公根本不爱我。"我问她有什么证据或者事例可以证明。她就给我举了几个例子，比如说，有时候她需要丈夫帮忙做一些事情，丈夫总回答她等一下，现在暂时没空，然后就把这件事给忘了。还有一件事，她丈夫在结婚时曾经答应她，无论未来工作有多忙，一定会抽时间出来陪她，但现在家里经常只剩下她一个人。

听到这里，我就问她："听上去，好像你想要的东西，你丈夫都给不了。那有什么是你丈夫能提供给你的吗？"她说："有的。他是个很有责任心的人，把我们的未来规划得很好。工作也很勤奋，让我的生活衣食无忧。同时，他还是个很好的爸爸，平时总会抽时间出来陪孩子玩。""那你老公这些表现其实是不是也可以说明他很重视你，很爱护你，很努力地在维护属于你们的家？"她想了一会儿，发现原来丈夫不是不爱她，只是没有按照她想要的方式去爱她。

因为从小没被父母和家人好好爱过，所以我的这位来访者根本意识不到，爱可以有很多种形式，并不是只有符合自己想象的才叫爱。同时，因为她给自己的定义是，我可能不值得被老公爱，所以在她跟丈夫相处的过程中，她会不断去寻找一些证据，来证明自己的确没有被爱。但经过我不断跟她深入交流，她才发现，其实很多时候，不是没有人爱你，而是你没有察觉到自己正在被爱。

觉得自己不值得被爱的人，除了总觉得别人不爱自己，通常他们对自己也不会很好。我曾经有个来访者，她总是让自己忙得像个陀螺一样，每天大部分时间都在工作，很少休息。后来我问她："你尝试过一天什么都不做，就只是躺在床上休息吗？"她说："没有，我一躺下就会想起自己还有很多事情没做完，不敢再休息。"对此，我说："真的有这么多事情做吗？那些事情都是需要立刻解决的吗？你是真的想休息吗？"

当我说完这句话之后，她愣住了。她才发现原来可能是自己不想休息。后来，经过深入沟通，我们发现她不敢休息是因为她妈妈。每次她妈妈做家务的时候，都会不断地抱怨有多辛苦，有多累。这让坐在一旁的她感到很愧疚，为了弥补这种愧疚，她只能让自己一直处于忙碌状态中，就算自己已经很累了，可能下一刻就要晕倒，也不肯让自己停下来。这也可以反映出，在那些觉得自己不值得被爱的人眼里，别人对自己的看法远比他们自己怎么看待自己重要得多。

他们总觉得自己要付出很多才能配得上对方的爱。但与此同时，他们又做不到心安理得地接受别人的爱。有个朋友对我说过这么一件事，她说："那天我看到男朋友，大冬天还站在我公司楼下等我下班，手里拿着我喜欢吃的东西，那一瞬间我感觉很幸福。可我又会产生一种不安感，觉得他是为了得到我的肉体才故意表现得这么好。"我很理解为什么她会有这么矛盾的心情，因为被爱的感觉太美好了，好到她不敢去承受这种感觉，这对她来说太陌生了。她完全不知道该怎么接受，也不知道该怎么回应，所以只能找些贬低对方的理由来掩盖这种感觉。后来，我给她提了个建议，我说："下次，你可以尝试微笑地走过去，并给你男朋友一个拥抱。这是对你、也是对他的成全。"

爱与被爱其实是相辅相成的。当两个人相爱时，你在爱着一个人的同时，你也在被爱着。我们常说，爱是一种能力，被爱是一种感受。爱的感觉是成全，而被爱的感觉是滋养。或许曾经的我们没有被好好地爱过，但这不妨碍我们去学习怎么爱一个人。

当我们极度渴望被爱时，我们就会像一个法官或者一个警察那样，时时刻刻监督着对方的一言一行，检验他是否真的爱自己。只要对方有一丝做得不够好，或者忽略我们的地方，我们就马上把它放大，并且用这个小问题来指责对方不爱我们。陷入这种状态中的我们，想要去体验一种被滋养的感觉是不太可能的，更别说去成全对方。

因此，想要学会如何去爱一个人，首先我们不能像一个裁判那样，只通过一些行为去裁定对方是否爱自己。每个人都有自己要面对的问题和压力，我们不能要求对方每天都围绕自己转，他可以有自己的生活。两个人在一起相处，更多的是要相互迁就，相互理解，而不是抓着对方行为上的一些小失误不放，这只会消耗彼此之间的感情。

同时，我们还要注意，爱一个人是成全对方，不是改变对方。当我们对一个人产生依赖的时候，我们就会想改变他，让他更接近我们脑海中的样子。因为我们无法独自完成所有的事，所以只能把很多期待都放在别人身上，希望别人来替我们完成。就像电视剧《都挺好》里的苏大强，不断要求儿女去实现他的愿望，根本不管儿女到底能不能做到。这根本不是爱，只是以爱作为掩饰的控制。

还有一点是很重要的，在人际关系中，不要把对方看成是你的敌人，而要把他当作你的伙伴或朋友。有些感情出现问题的夫妻，明明两个人继续在一起，只会更加难受，但他们就是不肯分开。问他们为什么要这样子，他们大多数都会回答说："既然我现在过得这么不开心，那我也不会让他好过。"这种宁愿一起毁灭，都不肯放过对方的做法，是对待敌人的招数。所以，一旦双方处于敌对关系，那么他们只会不断想办法折磨对方，而不是成全对方。

　　人是感性动物，每个人生活在世上都需要跟其他人产生情感上的联结。学习爱的能力，体会被爱的感觉，是我们每个人都需要做到、需要不断进修的课题。

走出全能自我和全能父母的幻觉

我们既可以感觉别人是全能的，同时也可以感觉自己是全能的，这就是全能感。全能感，通常在婴儿期就存在。当呱呱坠地的那一刻，我们就需要用全能感来保护自己，因为作为一个虚弱的婴儿，是没有任何能力去应对周遭环境的。那一刻，在我们心里，妈妈就是一个全能的存在。

全能妈妈的照顾能给予我们一种感觉——我们也是全能的，可以掌控这个世界。但随着年龄增长，这种全能感会被慢慢打破，我们会发现，这个世界并不是围绕着我们转的，我们需要慢慢学会去面对一个真实的世界。

但有两种情况，可能导致这种全能感无法被打破。

第一种是孩子和父母进入一体化的状态，父母在照顾孩子的同时，好像也在照顾自己。父母一直溺爱孩子，不让孩子产生一丝受挫的感觉，不断去满足他的需求。这种被过度照顾的状态，会让孩子无法面对真实世界的挫折，以至于他无法打破这种全能感。

第二种是全能感被打破得过于激烈：孩子一开始就没有得到很好的照顾，从小暴露在危险中，所以从婴儿期起，他就必须幻想出一个全能父母在照顾他。

这两种情况都会导致孩子的全能感一直无法被打破。因此，当孩子去面对这个真实的世界时，会感到一切都不如意。

我有个特别焦虑的来访者，他焦虑到什么程度呢？下雨了，他会骂天；塞车了，他会骂交通；太晒了，他会骂太阳；身边的人无法满足他，他就骂身边的人。仿佛要全世界所有一切都符合他的心意，他来当全能的主宰，不然就骂骂咧咧的。他之所以这样，并不是因为足够厉害，而是因为他渴望周围的人能够扮演全能的父母来照顾他，一旦他发现没有这样的全能父母，他要独自去面对这个真实的世界时，全能感就会被打破，他也就一下子暴露在恐慌和恐惧中。

可见，一旦这种全能感在我们身上固着之后，就意味着我们是以婴儿的状态来面对周遭的一切的。所谓的巨婴，其实就是这样。他们虽然成年了，但还是处于那种全能的状态中，他们仍旧渴望这个世界是围绕着他们转的。

那么，全能自我的人会有什么体验和反应呢？

一种情况是，他们会停止面对这个真实的世界。现实生活中，很多人都会产生一种特别强烈的自闭感，就是想停止和世界、和其他人的联结。我有个来访者，她没什么朋友，生活重心就是工作。后来她结婚了，但过了两个月就准备离婚，原因是她家里欠下了很多债务，结婚前她也没有把这件事情告诉丈夫，所以当她丈夫知道之后是很沮丧的，甚至对她是责备的。其实，这位来访者并没想着要丈夫去偿还债务，她觉得自己有能力还清这个债务，但她之所以不告诉丈夫这件事，主要还是因为她没有和丈夫产生联结，也没有把自己的真实感受告诉对方，只是默默在内心渴望丈夫能够扮演一个无条件照顾她的角色。这就是一种自闭的状态。

另一种情况是，他们会不断产生受挫的感觉，也就是不断有什么东西在打破他那种"自己是世界中心"的感觉。可是，他们又没有能力去应对这种挫折，一点点小的事情都会被他放得很大，好像这个世界马上要毁灭。

第三种情况是，他们对周围的一切充满着期望和要求。当一个人处于全能自我的感觉里时，自然而然就会去找一个全能的人。可这个全能的人不能对他们有任何要求，因为当对方向他们提出要求时，他们那种全能的感觉就会被打破。很多女生特别喜欢那种霸道总裁，因为她们会觉得，这样自己的什么要求都可以得到满足。其实，这就是把全能父母投射到了这个霸道总裁的身上，为的就是弥补一个全能的自我。

人与人之间的关系本身就存在着资源交换，没有交换的存在，就没有关系的存在。当我们处于全能自我的感觉里时，我们就会打破这种原则，因为我们只想自己被满足，而不想满足别人。

　　要注意的是，当我们发现自己遇到一些比较艰难的事情，第一反应不是感觉需要帮助，而是拼命鼓励自己一个人能行的时候，其实也可能是在走向一种幻觉，一种全能自我的幻觉。这种身边的人都不再是自己伙伴的感觉会给他带去一种失望甚至绝望的体验。

　　还有一些时候，我们要么觉得对方全对，要么觉得对方全错，这也是没有从全能自我和全能父母的状态下走出来的一种表现。这会导致我们的世界观变成非黑即白，满足自己的就是好的，没满足自己的就是坏的。

　　那么，我们要如何从全能自我中走出来，或是避免形成全能自我呢？

　　首先，我们需要承认自己不是全能的，同时也要承认没有一个人是全能的。这样做可能会让我们感到悲伤或者失落，因为我们再也无法把别人投射为全能父母，并且也丧失了自己是全能自我的幻觉，但这是必须要去接受的。

　　有些女性会和她的赌徒丈夫一直纠缠，不肯分开，这正是因为她无法接受自己的全能感被打破。承认自己做不到，就会和对方产生分离的感觉，于是她一直在扮演一个拯救丈夫的全能角色。

　　其次，我们要相信自己是具备一定能力的。虽然我们不是全能的，但我们也的确拥有一定的能力，离开谁都能活下去。只有我们意识到这一点的时候，我们的认知才能变得符合实际。

最后，我们要尝试去获取有限的帮助。有限的帮助可能满足不了你所有的需要，但它还是能给予你一定的帮助。有些人会说"你若不给我全部，若不给我更多，我就全都不要"，这就是因为他们不愿意接受有限的帮助。

5

重塑自我：
走出原生家庭的困局

你想过好你的人生，就无法面面俱到

很多人都会感慨，觉得自己很多事都做不到面面俱到。我也有过这样的时候，去年家庭、工作和个人生活都出现了一些问题，一瞬间，好像每个环节都需要我。那时候，我的压力特别大，感觉自己已经烦躁到了极点，别人多问我几个问题，我都会很不耐烦，晚上还经常失眠，整个人的精神状态非常差。我甚至对同事、家人和朋友都心生责怪，怪他们为什么要这样子对我。

后来，我平静下来，仔细觉察了一下自己，发现这一切都是因为我太想做一个面面俱到的人了。比如，我想做个好儿子、好父亲、好老板和好咨询师，但显然，当我要同时去扮演这么多角色时，我反而一个都做不好。可见，想要过好自己的人生，就必须要接受自己无法面面俱到。

我的朋友武志红曾经和我说过一个很无奈又很有趣的故事。他说，他要办一个训练营，叫好人蜕变营，目标是将"好人"变成"人"。简单来说，就是让一些执着于做别人心目中好人的人做回自己，不再为了别人生活。我听完觉得挺有趣的，就问他："为什么有这个想法？"他说，他一直在努力做个面面俱到的人，但太累了，而且还陷入了两难的局面。

他举了个例子，有一次，一些认识的人邀请他去做一个讲座，给的报酬却很低，与他的付出完全不成正比，但最后他还是去了。因为他很想扮演一个好人，不希望别人认为他是一个势利的人，或者说是贪图利益的人。想面面俱到，既不破坏自己的人设，也不让对方对自己有不好的印象，这样我们就很容易把持有不同意见的人看成是与自己对立的人，而不是帮助自己的人。

我们之所以想要面面俱到，是希望自己身边的一切都好好的，这也是武志红觉得做好人很累的原因。面面俱到意味着我们需要不断去平衡各种关系，像他本人，就要平衡朋友和报酬之间的关系，一方面觉得报酬太低，另一方面又不愿意得罪任何人，最后只能委屈自己。

我们总是想两全其美，但实际上很多时候只能选择其一。这时候，完美人设就会跑出来干扰你，给你带来很多苦恼，比如拖延症。如果晚上我们想睡觉，但还有工作没完成，这时我们就会做出一个非常有趣的举动——对着电脑刷手机。之所以这样，是因为我们心中很矛盾，如果选择睡觉，我们会有一种工作没做完的愧疚感，但如果选择工作，我们又会感到很疲倦。为了达到两者间的平衡，我们只能停在那里，不做任何选择，拖延就这样形成了。想要两全其美，想要面面俱到，最终只会什么都做不了。

除了放弃选择，变得拖延，一个想要面面俱到的人也很容易变成一个没有能力拒绝的人，因为他会担心拒绝的行为导致一些不好的事情发生。比如，别人会不会攻击他、伤害他或诋毁他。因此，我们才会经常说，一个追求完美的人是无法过好自己的一生的。

举个简单的例子，如果朋友找我们借钱，但我们不想借，那么我们可能会通过一些方式去回避这个人。例如，不接他的电话，用各种各样的借口说自己暂时没空，又或者一直不给一个明确的答复说借不借。这都是因为我们不敢直接拒绝对方。我们认为拒绝是一件不好的事，会让别人把自己定义成一个坏人。我们不想成为这样的人，又没有能力去帮助对方，所以只能通过不断地回避，来维持一种虚假的平衡。

其实，当我们选择回避，而不是直接告诉对方实情的时候，我们就已经把对方看成了为难自己的人。同时，我们也变成了一个为难对方的人。对方如果没有得到确切的消息，可能会一直向我们寻求帮助，我们反而耽误了对方解决问题的时间。可见，有时候面面俱到的好人恰恰是一个事事都在为难别人的人。

我们有句古话叫"忠孝不能两全"，忠就是对国家的忠诚，孝就是对父母的孝顺，二者无法两全。很多时候，我们的确无法同时兼顾。换成身边的例子，我们如果选择工作，就无法陪在父母身边；如果选择陪在父母身边，我们就没有办法工作赚钱。

当我们想做一个不得罪人的好人的时候，不妨告诉自己，很多事是不能两全的。人的精力是有限的，每个人也都会有局限性，无法顾及方方面面。如果我们想做一个面面俱到的人，其实只不过是想做一个完美的人，或者说，想满足别人对我们完美的期待。但完美往往更多出于一种自恋的状态，它会让我们承受很大的压力，不断自我否定，认为自己还没有做到最好，还没有达到最完美的地步。

这也会导致我们很容易放弃一些事情不去努力，比如"我是一个追求完美的人，我很想让这件事完美收官，但我觉得我做不到，既然如此，那我就干脆不去做，因为这样我就能永远维持我完美的形象，不会有任何瑕疵"。

我们要学会接受一些失去。在我们的成长过程中，每个阶段的角色身份都不同，而且很大一部分还是别人赋予我们的。当别人赋予我们不得罪别人的好人角色，但我们做不到的时候，他们可能会对我们感到失望或愤怒，因为我们没有满足他们的期待。这时候，我们也会产生一些怀疑，认为这是自己的错，是自己不好。但这就是我们要接受的失去，接受自己原来没有那么好，接受自己的真实，接受我们不可能让人人都满意。虽然接受这件事的时候，追求完美的心会使人感到很痛苦，可这是每个人成长路上都要面对的挑战。

除此之外，我们还要思考一下，我们把身边的人都看成是怎样的角色呢？包括亲人朋友，或其他一些人，他们究竟是能给我们提供价值的人，还是需要我们去照顾的人？如果一开始我们就把他们看成是需要照顾的人，那么我们肯定会事无巨细地都帮他们安排妥当。这样一个完美照料者的形象，可能也正是自己心里特别渴望的，自己也想被这样的人照顾。有时候需要被照顾的一方其实不是他们，而是我们自己。我们把需要被照顾的自己投射在他们身上，然后扮演完美照料者的角色，去照顾自己眼中的对方。

还是那句话：想要过好自己的人生，就要承认自己的平凡，承认自己无法面面俱到，没有人是完美的。但不完美的你，也是独一无二的你。

可以有贡献，但不要成为"工具"

　　前段时间有个报道，在一个家庭中，十个姐姐一起凑钱为弟弟办婚礼。很多人看到后都很心疼这些姐姐，不明白为什么弟弟娶媳妇要姐姐们出钱出力。有一种可能，就是她们从小就被教育要为弟弟、为家里做贡献，这一方面折射出了重男轻女的传统观念仍然存在于一些家庭中，另一方面也反映了这些姐姐们可能在某种程度上被父母工具化了，或者她们习惯了把自己看成是家庭的工具。

　　这听上去有些刺耳，因为通常我们会觉得是因为爱才愿意为家人做贡献，但如果这种贡献是父母或别的家庭成员一味索取的结果，并不是心甘情愿的付出，甚至因为付出不堪重负，那你就是被工具化或者自己把自己工具化了。

　　工具化是由传统家庭教育中的一些错误观念造成的，有些父母常常用结果去评判一个孩子是否聪明能干，而忽略了孩子在过程中付出的努力，并且不允许孩子表达感受。久而久之，孩子就会特别在意自己是不是对家庭、对他人有用，把自己工具化了。

在一个家庭中，对家庭贡献最大的人往往容易被工具化。可是为什么被工具化后，这些人还在持续做贡献？

这主要是因为，持续做贡献是他们的生存策略，越被工具化，越是想得到认同。

有的父母出于对世界的恐慌，会把所有的希望都寄托在孩子的身上，在不知不觉中不断向孩子索取。在传统观念中，父母容易觉得孩子是属于自己的，所谓"身体发肤受之父母，不可毁伤"。有些父母经常用一些威胁的方式来对待孩子，例如对孩子说"你如果做不到，我就不要你了""你再这样我就不要你了"。为了不被父母抛弃，孩子只能学着不断地去满足父母的期待，按照他们的意愿去完成某事，不断地做贡献。

我有个来访者，他的父母在他小时候就经常用这种方式来对待他。成年后，他也习惯把很多责任都揽在自己肩上，父母但凡有一点不开心，他都会觉得是因为自己没有达到父母的期望。因此，他很努力挣钱给父母，希望能得到他们的肯定。

越焦虑或掌控感越强的父母，就越容易用这种方式来对待子女，也越容易忽略子女的感受和他们真正的兴趣，并且很难给予子女肯定和鼓励。时间长了，子女就会觉得自己对父母、对这个家是没有价值的，是会被抛弃的，这就导致他们要拼命付出、贡献更多，来证明自己是父母的孩子，是属于这个家的。

被工具化的人总是企图通过做贡献来获得他人认同，这不但让他们活得很委屈，一直处于被索取的状态，而且还会导致他们与他人的关系处于一个比较糟糕的状态，因为他们会不自觉地把身边的人都看成是向自己索取的人。被工具化的人慢慢会把自己和他人都工具化，难以建立起对他人真正的信任。

为什么会这样呢？仔细想一想你就会明白：当一个人感到自己像个工具时，就难免会有被利用的感觉，就会觉得别人不会真的对自己好，也不可能真心为自己做什么。

曾经有一段时间，和朋友一起吃饭我都抢着买单，我的朋友也习惯了这样的相处方式。但在这样的关系中我感觉很不公平，觉得他们都是自私的人，他们之所以喜欢跟我交往，是因为我很大方，经常请他们吃饭。这样的关系和感受让我很苦恼，如履薄冰。我在潜意识里对自己进行了界定，那就是"我不值得别人对我好"，所以我得做一个对别人"好"的好人，做一个对别人有用的人，我才会"有价值"。同时，我又会自怜和抱怨，认为没人在意我的感受，他们只在意我有没有钱买单。

这其实就是我把自己工具化了，或者更坦诚地说，我也同时把朋友工具化了。我和朋友的关系，更像马丁·布伯说的"我与他"的关系，而不是"我与你"的关系。

后来，我做出了改变。因为有个哥们儿对我说："你没把我当朋友，我在你身边对你没有什么价值，没有存在感。"刚听到这话的时候，我有些恼羞成怒，后来通过反省，发现我的确是把他们当成了完成自己"我是好人"的自恋工具，并没有真正关注他们的喜怒哀乐。

要对抗工具化，就要学会停止单方面做贡献，要学会关注自己。如果我们常常感觉自己在家庭或关系中贡献太多，而我们委屈的感受却总是被忽略时，就要进行自我觉察，看看是不是被工具化了，或自己把自己工具化了。如果是，马上去调整自己的态度和关系模式。

首先，我们在面对父母的时候，需要适当的叛逆。所谓叛逆，就是要学会去拒绝父母的一些不合理的要求，有些功课是父母自己要去完成的，你不需要去承担。

其次，要调整自己和他人的关系模式。关系模式中同样有个经济性原则，即资源交换——互相给对方提供资源，而不是单方面贡献或索取。我在这里不是提倡大家把人与人的关系物化，变成赤裸裸的交易，而是说，人与人之间的关系想要舒服而长久，彼此都要能给予对方一些情绪价值。

如果我们发现在一段关系中，只有自己单方面在投入时，就要重新考虑一下这段关系是否值得继续下去。想要通过提供更多的资源去得到别人的认可和赞美，只会让别人更嫌弃和工具化自己。就像恋爱中的女生一样，拼命想给予男朋友更多，但最后换来的却很有可能是抛弃。

最后，我们要对自己好一点。对自己好就是利己。在传统家庭教育里，父母通常会教导我们先利他，但利己是天性，正确的做法是要教导孩子在利己的基础上去利他。如果自己的权益都得不到保障，还一味地去利他，长此以往，人要么变得虚伪，要么变得工具化，甚至还会慢慢形成病态人格。

想被父母尊重，你需要适当叛逆的机会

我常说，一个乖巧听话的人是很少能得到别人的尊重的。之所以这么说，是因为乖巧听话的人通常没有足够的能力去维护自己的边界，可能别人的三言两语就会改变他们原本的想法。在和父母的相处过程中，如果想要获得父母的尊重，我们是需要适当叛逆的。

你自己曾经有过反抗父母的行为吗？效果如何呢？

有个 28 岁的女孩子，她最近遇到一些很苦恼的事。她跟我说，她从一个小城市来广州发展，工作和生活上适应得都不错，只是暂时还没找到合适的另一半。但就是这个问题，在父母看来是最需要马上解决的。她父母觉得她都 28 岁了，在老家早已经是生孩子的年纪了，可她连个男朋友都没有。她每次回家，父母总会给她安排各种各样的相亲，而且相亲对象什么类型的人都有，好像在她父母眼里，她未来的另一半只要是个男的就可以了。

父母的态度让她觉得很不被尊重。她尝试跟父母沟通，可每

次沟通最后都会演变成激烈的争吵，争吵过后她又会觉得很愧疚，好像自己辜负了父母的一番心意。这样反反复复的过程让她整个人都感到疲惫不堪。她问我，到底要怎么做才能解决这个问题。

我说："如果你的父母没有这样控制你，你想过什么样的生活？"

她想了很久说："我没有什么特别想过的生活，只是想远离我父母而已。"

其实，很早开始，她就在尝试远离自己的父母。她选了一所离家很远的学校，读了一个跟父母意愿相悖的专业。她认为自己已经足够叛逆了，但好像这种叛逆并没有给她带来什么好处，父母也还在一直管着自己。

在我看来，这个女孩子做的这些她自以为"叛逆"的行为，都只是跟父母对着干而已，并不是真正的叛逆。就像一个青春期的孩子，因为得不到父母的赞同，所以选择通过离家出走来获得关注，但离开家后，她却不知道该往哪里走，没有目标也没有方向。本质上来说，她还是个在和父母闹别扭的孩子。

那么，我所说的叛逆到底是什么呢？

说一个我身边的例子。我有个朋友，他和他的妻子都是医生，自然而然，他们也希望自己的孩子能成为一名医生，甚至为此还把孩子送出国学医。可是，他孩子从小喜欢的就是天文，而不是医学，所以做了一件让很多人感到诧异的事——他把拿到的医学毕业证放到父母面前，然后对他们说："好了，完成你们的心愿了，现在我要去做自己喜欢的事了。"

后来，那孩子选择继续留在国外攻读天文。我朋友虽然对他孩子的行为感到很震惊，但在发现他如此坚持后，也选择了尊重孩子的意愿。因为他终于明白了原来学习天文才是孩子最想做的事，而不是他们一直希望孩子去读的医学。

我朋友孩子的这个选择就是一次真正的叛逆。他不是为了故意跟父母唱反调，也不是为了让父母屈从自己、满足自己，而是有确切的目标和想法，并愿意为之付出行动。

从上面两个例子不难看出，很多时候，我们自以为的叛逆只是在用发泄情绪这种方式来获得父母对我们的关注和重视，让他们来满足我们的需求。就像我上面提到的那个女孩一样，她以为只要选择和父母不一样的方向，就能过自己想过的生活。但这只是一种过激的行为，只是和父母对着干，而不是真正的叛逆。

真正的叛逆包含两个方面的内容，一是脱离忠诚，二是建立边界感。

先谈谈脱离忠诚。可能很多人都遇过这样的情况，从小到大每件事、每个选择都是父母帮我们去做的，我们像个木偶一样，机械地按照他们的想法去走一条他们认为是好的人生道路。所以，脱离忠诚更多意味着我们要意识到，我们是可以做出选择的。我们有自己的目标、愿望和人生，我们可以去做自己想要做的事，去成为自己想要成为的人，而不是盲目地跟随父母的指令，他们让我们干什么就干什么。尽管当我们选择另外一条路时，可能会感到心慌，但这也是成长过程中必修的一课。

建立边界感，则是要弄清楚什么事是父母的，什么事是我们的。很多时候，特别是在独生子女的家庭中，父母会把自己未达成的期望都放在孩子身上，想让孩子去替自己完成，但这往往也侵入了孩子的边界。在他们眼里，孩子不再是孩子，而是父母的一部分。所以，我们要学会对父母说"不"，拒绝他们一些不合理的期待，这是我们迈向独立自主的关键一步。

我们叛逆更多是为了维护我们自己的边界，得到父母的尊重，而不是单纯地为了和父母对着干。当我们意识到自己跟父母之间的差异时，我们是可以选择维护自己的边界，做出属于自己的选择的。但同时，我们也需要尊重父母的意愿，因为对于他们来说，那样的认知方式才最符合他们的三观和成长经历。我们不能单纯地去评价父母认知的好坏，而是要允许和接纳这种差异的存在。

我在做一档电视节目时，遇到过一个26岁的男生。他从小就爱好舞蹈，希望日后能从事相关职业，但他的父亲却更希望他成为一名酿酒师。观念的差异导致父子之间一直存在着激烈的矛盾和冲突。后来，这个男生离家出走，独自一人到深圳发展，一边打工赚钱养活自己，一边学习舞蹈向着梦想靠近。可没想到，他的父亲在一次意外中去世了，他赶回家也没能见父亲最后一面。他母亲也因为丈夫离世的事对他很冷淡，觉得如果当初儿子能听话当个酿酒师，或许今天这件事就不会发生。母子关系一下子僵持起来，这让两个人都很痛苦。

后来，这个男生想到了一个缓解母子关系的方法。他把母亲请去深圳，看了一场他和学生的现代舞表演。当母亲看到他跳舞的样子时，眼眶湿润了。表演过后，母亲对他说："儿子，我没想到你能坚持这么久，现在我终于相信你是真的很喜欢跳舞了，妈妈尊重你的选择。"

如果我们期望通过"对着干"的方式让父母满足自己，那就不要抱有一种自己的想法能被父母尊重的不合理期待。这样的我们还只是带有情绪的孩子，并不是真正的成熟人士。当我们选择叛逆时，我们必须要有明确的目标和足够多的耐心。换句话说，我们要有一定的资本让父母相信，我们是真的想去做这件事，而不是三分钟热度或一时情绪驱使。

脱离家庭丑闻的影响

隐私是我们不太愿意被别人知道，并且可能会让我们感觉到羞耻的事。每个人都会因为隐私曝光而感到愤怒。

丑闻是隐私中的一种，通常是极具冲击性的、不道德的事件。如果家庭中有丑闻，会给我们带来怎样的影响呢？我们又该如何逃离这种影响呢？

丑闻会给我们带来强烈的羞耻感。有一些人小时候看过父母吵架或是出轨，这会对他未来选择伴侣、建立情感联结有比较大的影响。比如，一个孩子看到爸爸跟别的阿姨在一起，从道德方面来讲，他认为这是一件不对的事情，但是出于对爸爸的忠诚，他又必须要保守这个秘密，没办法告诉妈妈。那么，这件事就会对他造成负面影响，导致他既没办法信任爸爸妈妈，也没办法信任自己。从此以后，他就会觉得自己是一个不诚实的坏人。不难发现，家庭丑闻令他背上了一个黑锅，给他造成了极重的心理压力。

此外，为了保守秘密而对别人撒谎，会让人不自觉变成参与者，使得自己更加没办法脱离丑闻的影响，还会进一步加剧羞耻感。面对这种情况，我们通常会选择去美化它。可矛盾的是，美化恰恰是因为无法接受它，内心的冲突和担忧更多了。

就像孕妇效应一样，我们自己有什么就会去关注什么。所以，当我们怀揣一个秘密时，我们就会特别关注会不会有人把这个秘密揭穿、有没有哪个细节可能被别人看穿，人也就变得特别紧张、特别敏感。最后，我们会发现自己生活在一个谎言的世界里面，再也没办法真实地、真诚地对待周遭一切的人和事。

背上黑锅、成为参与者、美化丑闻、变得敏感，最后活在谎言中。这些就是家庭丑闻给人带来的一系列心理变化。

我想到了一部叫《欢乐颂》的电视剧。剧中的女主角之一安迪，高挑漂亮，还是一个商界精英，但是她却好像常常怀着一些心事，跟人保持距离，也拒绝了很多男性的求爱。原因就是她一直弄不清楚自己的亲生父亲是谁，自己似乎是一个私生女，并且她的妈妈和家里同母异父的弟弟都患有精神病，这让她觉得自己的出身并不是很光彩。她之所以一直都以一种难以令人接近的高冷形象示人，正是因为她对家庭中的这些丑闻保持着缄默，藏着掖着，担心别人发现后远离自己，所以把自己藏了起来。

电视剧中有一幕是安迪和小包总在沙滩上聊天，安迪想拒绝对方的求爱，说："我家有精神病史。"结果小包总说："噢，原来你是掉在地球上的一个精灵。"那一刻安迪很感动，因为那是他对安迪最担心的东西的一种包容。不过很遗憾，并不是我们遇到的每一个人，都能够做到像小包总这样。

我有一位来访者，是一个长得非常好、各方面都很优秀的女孩子。但是，她一直不是很自信，在亲密关系中，总是莫名其妙地去找一些跟她不是很匹配的人。也就是说，她有着白天鹅的外表，内心却觉得自己是个丑小鸭。

在一次咨询的过程中，我问她为什么别人对你越好，你反而会越嫌弃对方，但同时又渴望被好好对待呢？她说，我并不认为他们会真心待我，如果他们知道了我家里发生的事情以后，可能就会看不起我了。

原来，这个女孩是由养父母养大的。作为一个被抱养的孩子，她对自己的出身有一种强烈的自卑感，觉得自己是一个被抛弃的孩子。此外，她的外婆是自杀的，这对她来说是一件冲击性很大的事情。很多人都不愿意去认同家庭成员自杀这件事情，这对她来说是一个丑闻，好像是她人生的一个污点。即便不是由她造成的，她也要去隐瞒、保护这些东西，并因此在心中藏了巨大的痛苦，无法真诚地与人交往。虽然她总说养父母对她很好，自己上了大学，甚至读到博士，各方面的条件都不错，但她却总是会讨好别人，做什么事情都小心翼翼的。

总的来说，家庭丑闻带来的痛苦，会影响到我们在人际关系中对个人身份的定位以及对自己的判断，甚至会让我们体验到一种特别强烈的羞愧感和自卑感。我们会担心别人因此不喜欢自己，从而导致在人际关系中，无法真诚、完整地去表达自己。

那么，如果你的家庭中很不幸也有你认为的丑闻的话，要如何脱离它的影响，或者把这种影响降到最低呢？

第一，这是一个关于忠诚和背叛的问题。如果一个孩子看到家里人谈到某个人的时候讳莫如深，大家忽然都不说话了，就会很好奇地去问。有时候大人就会告诉他，这个事情是这样的，但是你绝对不能跟别人说。如果你要成为一个说真话的孩子，就可能意味着背叛家庭；如果你要忠诚于这个家庭，就有责任和义务去维护家里的丑闻，你就会被迫背上一个很大的负担。然而，这本来就不是你的责任，你要做的只是不去主动扩散，不去昭告天下，就够了。

第二，不要带着自己的主观想象去评价这件事情。很多时候我们之所以把一件事情看成是丑闻，是因为我们带着自己的认知去评价它，但实际上你并不是一个参与者，你没有权利去评价这件事情，因为你不可能让这件事情不发生，所以它们跟你关系不大。也就是说，这不是你的错，你不需要为它承担太多。因此在面对上一辈人或者其他人的问题的时候，我们不需要把注意力放在看它的对与错上面，这样我们的负面情绪体验就会有改观。所以，如何跟这件事情建立一个边界，是很重要的事情。

第三，你可以找一个信任的人去诉说，这能够缓解你的压力。

如果这件事情对你的影响很大，一个人扛会很辛苦，所以你需要找一个值得信任的人说出来，这并不算是背叛。一般来说，我们信任的人是死党、密友、或者是亲密的那个人。当然，说出来的时候你可能要冒一点风险。不过当你说出来的那一刻，这个事情对你的影响已经小了一大半了，就像是另一只靴子落地的感觉。当你真诚地表达出来后，就会放松很多。不然你就像是抱着一个秘密在到处逃，你看周围的人都像是想要知道你秘密的人，那样活着会很累。

请记住，这些事情是不会主动来影响你的。所以，从这一点来看，你是有办法解决的，你只要选择不受它影响就可以了，它又不可能每天盯着你，对吧?

接受、修复、阻断，三步疗愈童年创伤

　　每个人在童年时期或多或少都会有一些创伤性体验，有些会推动你成长，但有些则会让你停滞。在被伤害的那一刻，你会产生一种应对姿态，如果没有换来你期待的回应，你就很容易一直处于这种状态里，并用这种姿态去处理其他人际关系。

　　举个例子，小时候，我在吃饭时经常会被爸爸惩罚。因为只有在吃饭的时候，我们才会见面，而爸爸的惩罚方式就是让我面壁，不让我吃饭。慢慢地，我就有了创伤——每当我不能准时吃饭时，我都会很愤怒，那种因被惩罚带来的羞耻感和无力感就会出现。我甚至炒掉了一个助理，就是因为他没有准时帮我订饭。

　　因此，我们可以看到，童年创伤会影响到我们如今对生活、人际关系和对世界的看法。而且，我们还会在这个过程中不断重复曾经不好的体验。

　　从伤害的严重程度来排序，童年创伤通常包括期待性创伤、分离性创伤和忽视性创伤。其中，期待性创伤造成的伤害是最严

重的。

期待性创伤是让人感觉最无能为力、对人影响最大的一种创伤，主要表现为父母对孩子的性别期待。它会影响到孩子的自我认同、身份认同和价值认同。如果说一个家庭一直期盼一个男孩的诞生，可出生的是女孩，那么这个女孩就可能会觉得自己不如男孩，甚至连自己的女性身份也无法认同。因为她最原始、最基本的价值被剥夺了，所以她会不断跟男性去竞争，还会把很多问题都归咎于男性。因此，这种创伤会影响人的一生，包括其对人际关系和整个世界的看法。

分离性创伤对人的伤害比期待性创伤低，但这种创伤会直接摧毁一个人的安全感，它主要来自养育环境或养育者本身的不稳定。所谓养育者本身的不稳定，就是指养育者的情绪波动大，或没有情绪波动，甚至根本不具备对应的父母功能。

这两种情况，都会让人在童年时期的需求得不到很好的回应。如果是在婴儿时期遇到这种情况，人就会产生一种被抛弃的体验，而这种体验类似于死亡。这样的成长环境会让人处在一个安全感缺失的状态里，这样的人对周围环境的变化和人际关系中的情感联结都很敏感。为了保护自己，这样的人只能一直躲在自己的世界中，幻想自己有多厉害，从而断绝与他人的交流来往。

忽视性创伤，就是我们自己的感受、意愿或声音没有被真正看到，真正注意到。忽视性创伤的影响程度是最小的，但遭受此创伤的人数是最多的，而且这种忽视性创伤还会影响到两性关系之间的和谐与平衡。

很多人小时候都会经历这个情景，我们摔倒了，父母为了让我们学会坚强，叫我们不要哭，说哭是一件羞愧的事。但其实，这种做法就是不允许我们表达自己的感受，我们的内心是很愤怒的。而这也导致了长大后，如果对方没有及时回应自己，或自己心情不好，对方还在嬉皮笑脸时，我们就会特别愤怒。

这种创伤还会导致我们希望自己的另一半扮演一个很重视自己、时刻关注自己的父母角色，因为我们渴望得到别人的重视。很多女孩子都希望自己的男朋友是自己肚子里的一条蛔虫。只要一个眼神，对方就能知道自己在想什么，想要什么。但这并不现实。因此，过分渴望得到关注，其实是忽视性创伤引起的反应。

总的来说，童年创伤会影响我们的情绪，通过情绪影响我们的行为，而行为又会影响我们的人际关系，以及对这个世界的感受性体验。

那么，当我们意识到这个问题的存在时，我们该如何切断这种创伤对我们的影响呢？

切断童年创伤主要分为三个步骤：接受、修复和阻断。下面我用一个来访者的例子来具体说明这三个步骤。

我的一个来访者，她跟丈夫之间的相处出现了很大的问题。丈夫无法理解自己的老婆为什么有时候会突然生气，而来访者也无法清晰表达自己生气的原因。她经常会因为丈夫的一个有点凌厉轻蔑的眼神勃然大怒，甚至歇斯底里。

我知道这样的反应通常跟童年创伤有关，因此引导她回忆小时候的生活。她告诉我，爸爸很严厉，对她的控制欲很强。6 岁的时候，她瞒着爸爸偷偷养了一只兔子，但不幸的是，还是被爸爸发现了。爸爸很愤怒，直接把兔子从八楼阳台扔下去摔死了。她当时只有 6 岁，太难过了，甚至很想拿刀把自己的爸爸杀了，可爸爸太强大了，她根本什么都做不了，她到现在都忘不了爸爸当时那个凌厉的眼神。

我明白了，她之所以一看见丈夫凌厉轻蔑的眼神就会勃然大怒，并且歇斯底里，正是因为这种眼神和她爸爸当年摔兔子时的眼神很像，所以把她曾经的创伤体验激发出来了。

我引导我的来访者做的第一步就是：告诉她她曾经受过这个创伤，并引导她接受创伤的存在。

什么叫接受创伤的存在？打个比方，你行走的道路上有一个洞，过去你经常会掉下去，现在你意识到这个洞存在后，虽然不可能把它填满，但可以绕着它走。这就是接受 ——接纳曾经受过的创伤，正视这个创伤的存在，而不是否认或逃避。只有当我们接受了创伤的存在后，我们才可以进行一些修复和调整。

第二个步骤是，与过去的自己建立一个联结。

所谓修复，不是说现在去指责父母，告诉他们当时的自己有多愤怒、多难过，而是跟当时的自己建立一个联结。以一个成年人的身份，去保护那时候的自己，让当时那种感受能够得到表达。

当我得知我的来访者这种情况后，我问她："如果回到当初，你看到那个小女孩，你会对她说些什么？"她说："我会走过去抱抱她，跟她说，我知道你很难过，但兔子的死并不是你造成的，是你爸爸的错。"

当那时候的感受被说出来后，她哭得很厉害，但同时，她也跟过去的自己建立了联结。告诉了过去的自己，现在的她已经拥有足够的力量去保护自己了，不需要因为担心被伤害而紧张、愤怒了。

第三个步骤是，阻断创伤，选择支持性的资源。

当你拥抱自己，跟自己建立联结后，可以通过阻断的方式来让自己做出一个新的选择和改变。阻断的方式，就是寻找支持性的资源。

比如我的来访者找的支持性资源就是她丈夫，她选择跟丈夫坦白曾受到的伤害，并告诉丈夫，希望他能够在她发脾气的时候给予她一个拥抱。当他们进行这样的交流后，她发脾气的次数开始减少，他们之间的关系也开始进入一个新的模式。

当然，尝试改变并不容易，需要一个过程。当你觉得自己没有足够的力量去做时，可以寻求专业人士的帮助，这并不是一件羞耻的事。同时，要勇于打破自己的舒适圈，因为当某些东西成为习惯后，你的应对策略也会固化。而这种固化的应对策略会让你不断重复过去的痛苦。所以，想要改变自己，重新做出选择时，必须学会打破这个舒适圈。

　　童年的创伤已经造成了，不管是父母有意还是无意的过错导致它发生，这个事实已经无法改变。我们能做的只有活在当下，找到问题症结，解决问题，才能迎来更好的人生。

以"我们"开头的表达方式，是合作的开始

有个笑话，讲的是新婚当晚，妻子对丈夫说："老公，我们以后用亲昵一点的称呼吧，要说'我们'。比如，我们的电视，我们的房间。"然后，第二天早上，妻子看到丈夫在厕所里面，就问他："你在做什么啊，老公？"丈夫回答说："我在刮我们的胡子。"

虽然这是个笑话，但也能看出，两个人一旦建立起亲密关系，"我们"这个词将会扮演很重要的角色。它意味着两个人是一体的，是要共同去面对问题的，而不是只有我，或者是分开的你和我。

"我们"这个概念，是彼此间合作的开始，更是让亲密关系更近一步的秘密。

如果在一段关系中只有"我"，它就更倾向于是一段想象的关系。因为在这样的关系中，沟通和合作都是无从谈起的。心理学有个概念叫自体客体，意思是，一个人把另外一个独立的他人

也当作是我的一部分，没有把他人的体验和自己的体验很好地区分开。

简单来说，自体客体的关系里没有他人，只有自己。举个简单的例子，奶奶帮孙子穿衣服，如果奶奶没有把孙子看成是独立的客体，那么无论孙子有什么反应，奶奶都是看不见的。孙子觉得够暖和了，向奶奶摇头表示不想再穿衣服了，但奶奶还是不停地给他穿衣服。因为在奶奶心里，她还是认为孙子穿得太少了。她看见的不是一个真实的孩子，而是脑海中想象的孩子。整个过程中，只有奶奶自己的感受才是最重要的，其他人的感受都不重要。

除了只有"我"的关系不利于合作，"你"和"我"分开的关系也不利于亲密合作。

我们经常能在微博或朋友圈里看到很多热恋中的情侣秀恩爱。我曾经看过这么一条微博，一个女生发了一张麻辣烫的照片，文字的内容大概是晚上两点，自己突然很想吃麻辣烫，但因为下大雪，外卖停送了，她就让老公跑出去买。老公这么做让她觉得很感动，于是特意发了一条微博纪念。

其实这个女生想表达的意思很简单，就是"我老公很宠我""我是关系里的主导者"以及"老公完全被我掌控着"。但说得直白一点，这位丈夫成了妻子满足自己的工具，这就是典型的"你"和"我"分开的关系。在这样的关系中，它更多呈现的状态是服从和控制。当然，它也会有合作的一面，但那是需要条件的。就像这对夫妻，他们之间的合作取决于丈夫是愿意做这些事的，并且妻子是能够得到一些好处的。我们试着换一下场景，如果是准备离婚的一对夫妻，你觉得类似的事情还会发生吗？

只有自体客体的"我"，以及把别人当成满足自己需求的"我"和"你"，都不是好的关系，都不能产生合作和亲密的沟通。

在做咨询的过程中，我经常会对来访者说"我们一起来想想办法""我们做些什么可以解决目前的问题"。这是因为"我们"这个词能够让对方体会到一种被支持的感觉。就像一个孩子在高考前充满压力，如果此时父母能对他说"不要紧，有什么问题你说出来，我们大家一起想办法解决"，就能在无形中给予他应对困难的力量。

"我们"这个词还可以提供陪伴的感觉。电视剧里经常会有这样的情景，主角生病了，其他人都围着他，安慰他说"没事，我们就在这里"，主角就会很感动，觉得身边有一群人陪着自己，很温暖。

最重要的是，"我们"可以给双方建立一个联结，表明大家是合作关系。我曾经给一家公司做谈判培训，在培训过程中，我发现他们原来的销售策略很糟糕。他们会不断向客户表达自己的东西很好，然后说你不买就吃亏了。

我对他们说："如果这种表达方式放在婚姻中，你们一定会离婚的。因为这是一种对立的关系，而不是合作的关系。"

他们问："那该怎么办？"

我说："很简单，换一种表达方式。就像我们卖房子，我们需要先了解客户有什么需求或渴望的东西，然后判断我们能不能满足，如果能的话，那么我们就可以跟对方说'我们明白你的顾虑在哪里，我们可以一起来解决这个问题，让这间房子变得更舒适。'这会带给客户一种感觉，我们真的在替他思考，我们是去帮助他的，而不是单纯只为卖东西。当我们使用了这种表达方式后，就能有效避免彼此处在一种对立或谈判的关系里了。"

人生很孤独，我们都特别渴望和别人建立联结，这会让我们有一种归属感，但如果连最亲近的人都无法合作，那么这种归属感也就不复存在，彼此之间的距离也会越来越远。

我曾经有一个非常有趣的来访者，她从不会向别人介绍自己的丈夫说"这是我丈夫"，因为她不愿意这么称呼他。一个妻子都不愿意喊自己的另一半"丈夫"，可想而知，她内心有多排斥对方。后来，我又问了一下她："那你们平时的说话方式是怎样的？例如，想要一起出去吃饭，你们会怎么表达？"她想了一下，说："就问他，你要不要跟我一起出去吃饭啊。"

听到她的回答，我给出了一个建议。我说："你们想过换一种方式来沟通吗？就像出去吃饭，你们可以尝试说'我们一起出去吃饭'，这样感觉会不会不一样呢？"她回家试了一下，在下次咨询的时候，她跟我说："感觉的确不一样，好像我跟他稍微亲近了一点。"

当我们拒绝用亲昵的叫法称呼对方，或单纯用"你"和"我"来称呼的时候，其实就在无意识间疏远了对方。这可能就反映出我们的关系处在对立状态。有时，可能只需要换一种表达方式，我们就可以给彼此带来不一样的改变。

多用以"我们"开头的表达方式，对关系也是一种非常好的暗示，起码表达出了一方愿意和另一方亲近。之前有个女孩在微博给我发私信说，她在她老公微信里看见一个女孩和自己老公聊天用了"我们"这个称呼，她很生气，觉得这个坎过不去。明明对方只是一个无关紧要的人，为什么要用"我们"这个称呼呢？很显然，"我们"这个称呼对这个女孩来说是很重要的，它象征着彼此亲密的关系，不能随便用在其他人身上，所以她才会那么生气。

总之，在关系中用到"我们"，就表明自己是被对方接纳的，同时也在接纳对方。这是合作关系的开始。不管是与伴侣、孩子，还是朋友、同事，凡已经转变为合作关系的，就应该从"我"和"你"变成"我们"。

为了让关系更加和谐，大家不妨在接下来的日子里多用"我们"作为沟通的开头，看看是否会发生不一样的变化。

完成分离，才能更好地成长

很多时候，我们都说选择是主动的，但有时也的确是被迫无奈的，就像分离。被迫选择分离，是我们不愿意接受的，也是我们无法建立新关系的原因。

曾经有个来访者问我，为什么她跟现任在一起的时候，总会想着前任，忍不住去关注前任的状况。甚至当其中一个前任结婚时，她痛苦了很久，满脑子想的都是怎么报复。但与此同时，她又觉得现任对她很好，所以她经常觉得很矛盾，很痛苦。

其实，这就是因为她没有完成分离。

分离是什么？分离是我们每个人都必须完成的功课，它贯穿了我们的一生。完成分离，我们才能更好地成长。

前不久，有个新闻报道，有一位老大爷为了能跟爱人重逢，在大学里等了 30 多年，迟迟不肯离开。这件事感动了很多人，他们觉得如果一个人等自己 30 多年，也就意味着自己无论何时回去对方都在等着自己。但这就是无法接受分离的体现。

很显然，那位老大爷是个不能接受分离的人。他的爱人明明已经离开了，他还要等，因为他不愿意接受这种分离的感觉。分离对他来说，就意味着以后要孤单一人。可如果他一直等下去，这种分离似乎就不会发生，他也就不用体验那种孤独的感觉。

的确，如果分离没处理好，对我们来说就有可能是一种创伤。就像我小时候，有一次跟妈妈一起到外婆家，妈妈骗我说睡醒就有西瓜吃。谁知道我妈在我睡着后就离开了，剩下我一个人在外婆那里。我醒来后觉得自己被妈妈抛弃了，坐在一旁，抱着妈妈的拖鞋哭了很久。

因为那种突然要一个人去面对陌生环境的感觉实在太可怕了，那次经历给我造成了分离创伤，以至于我长大后，也认同了妈妈的这种处理方式，不敢面对分离。曾经有几年，我经常要去参加一些聚会或培训，每到分别的时候，我都会提前离开，不跟任何人打招呼或者只是随便说一句就走。我也不能去送人离开，因为送人对我来说也很痛苦。

可见，前面所说的那位老大爷和以前的我，都没有很好地完成分离。

这其实是一种拒绝成长的状态。我们说，分离是应该完成的功课，因为分离意味着成长。今天的我们需要跟昨天的我们分离，而明天的我们则需要跟今天的我们分离，因此我们才说生命是个淡淡的悲伤的过程。这与我们追求快乐的本性相反，所以我们常常不愿接受这种悲伤和失去的感觉。

分离的含义是很丰富的。除了与人分离，还要与自己的理想状态分离，去拥抱真实的世界。当一直处在理想的自我中时，我们是无法完成分离的。

无法完成分离，会给包括亲密关系在内的人际关系带来什么影响呢？

首先，我们很容易进入融合共生的状态。融合共生也被称为退行——从一个成年人退行到婴儿的状态。大家身边可能也有这样的人，明明平时是很独立的，但一谈恋爱之后，就跟换了个人似的，变得很黏人，黏到恨不得把对方跟自己融为一体，24小时待在一起。因为他不愿意去体验那种分离的感觉，哪怕是一秒他都不想体验。这就是我们所说的融合共生的状态。

其次，我们很容易和别人纠缠不清。有些情侣很奇怪，他们在一起的时候会经常争执、吵架，但分开后又会因为想念对方而复合，不停地分分合合。你说他们彼此到底是爱还是不爱呢？可能并没有那么爱，他们只是无法完成分离，因为分离就意味着失去。虽然这种失去并不是说对方真的从世上消失，只是从我们的生活中消失了，但这也让我们觉得很痛苦。尤其是有些要离婚的夫妻，一个人要离婚，另一个人不愿意，他们就会不停地纠缠，不愿离的一方很想把对方毁了，有一种"我得不到，别人也别想得到"的心态。而且，他们还会经常问："我们能不能回到过去，过去那么好，我们一直那么相爱，为什么现在是这个样子的？"

再次，我们也很容易陷入暧昧的状态里。这里说的暧昧，是指两个人之间的关系边界不清晰，存在着很多种可能性。也就是说，这种感情属于亲情、友情、爱情之外的第四种情感。

暗恋的人是最容易陷入暧昧状态的人，因为他可以想象跟暗恋对象建立任何一种关系。但同时，他也恰恰是无法接受分离的人。因为当他去表白的时候，他有可能会被拒绝，而对方也有可能会永远从他生命里消失，所以他会选择一直处于暗恋的状态中，不去表白，不去表达，那么就不会有分离发生。

最后，我们可能无法得到自由。人是渴望自由和爱的，但自由同时也意味着我们需要与他人分离，独自一人活在这个世界上，一个人去承担所有应当承担的事。因此，如果没有足够的自信，无法完成分离，我们对自由是会有恐惧或排斥之心的。无法完成分离，就无法成为独立的自己。

那么，我们要如何去完成分离呢？

1. 我们需要一个仪式化的告别过程

大多数的分离都是悲伤的。当我们意识到自己无法完成分离，并且只能接受被动分离时，我们可以尝试主动一次。因为分离就意味着成长，意味着跟过去的自己告别，所以我们可以办一个告别仪式。就好像很多女生失恋后会去剪个头发一样，这就是在跟过去告别，重新开始的仪式叫从头开始。

尤其是人生中一些重大的分离事件，一定要处理好，不然就会留下创伤。比如失去亲人，尤其是年少时失去亲人，没有处理好的话，可能在心中留下一生的伤痛。对于这样的朋友，我的建议是，你可以在心中重新向亲人进行一次仪式化告别，然后告诉自己，失去的亲人会以另外的方式与你同在，你要往前走，开始快乐的生活。

2. 我们需要回顾过去，承认失去

回顾过去本身就是个承认失去的过程。例如，情侣分手了，在他们回忆当初在一起的感觉时，在回看以往照片的瞬间，他们会产生一种悲伤的感觉，而这种悲伤正是承认失去的感受。

3. 我们需要祝福未来，重新创造新的生活

以前毕业的时候，我们会在彼此的留言本上，写一些对未来的期望或祝福。这样的祝福有利于我们完成分离，并且更快地从悲伤中走出来。对于那些想离开对方、又因为不能接受分离而纠缠不清的朋友，我的建议是，你们既可以彻底离开，也可以重新创造新的生活。不妨参考一部叫作《史密斯夫妇》的电影，电影一开始，史密斯夫妇各自隐瞒了自己的特工身份，过着假夫妻的生活。电影最后，他们回顾过去，才发现原来以前的生活是很美好的，于是他们选择了重新开始，成为一对真正的夫妻。他们重新开始，正是在创造一种新的相处模式。

总之，分离是我们每个人都必须要经历的事情，只有接受分离之后，我们才会找到自我和自在的感觉。